TÖCHTER!

Gebrauchsanweisung für Väter

Eden BOOKS

INHALT

KAPITEL

UND SONST ...

WORK SHOPS

INTERVIEWS

WAS IST DAS NUR MIT MÄDCHEN UND ...

Was ist

Was nicht in diesem Buch steht

Alles über Mütter und Söhne, die letzten Fußballergebnisse, warum die Schweiz eher selten in den Nachrichten vorkommt, der Bericht eines Gipfelstürmers, der Augenzeugenbericht des Brillenschlumpfs, warum Frauen immer nörgeln.

UND DANN KRIEGST DU EIN mädchen

Nach zwei Söhnen bekam ich am 10. Oktober 2005 eine Tochter. Ich dachte eigentlich, dass alles in etwa so laufen würde wie bei meinen Söhnen. Und im Großen und Ganzen war das auch so. Babys sind eben Babys. Sie machen in die Windeln, trinken, schlafen und weinen. Bei einem Mädchenbaby wischt man den Po nicht von hinten nach vorn, sondern von vorn nach hinten ab. Daran gewöhnt man sich. Ehrlich gesagt habe ich angenommen, dass dies in den ersten Jahren der einzige Unterschied bleiben würde. Aber dann passierten ziemlich seltsame Dinge.

So gab es zum Beispiel total überdrehte Reaktionen von Omas, Freundinnen und Nachbarmädchen. Es ist ja kein Geheimnis, dass Frauen sich komisch benehmen und verrückte Geräusche machen, wenn ein neugeborenes Baby in der Nähe ist, aber ich bekam mehr und mehr den Eindruck, dass sie bei einem Mädchen noch mehr durchdrehen als bei den Jungs. »Es ist ein Mädchen! Halleluja. Die weibliche Linie ist gerettet.« Das sprachen sie natürlich nicht offen aus. Aber gedacht haben sie es, da bin ich mir ziemlich sicher.

Den nächsten Schock bekam ich, als ich den Kleiderschrank öffnete.

Da, wo bisher meine Oberhemden gelegen hatten, stapelten sich nun Mädchensachen. Der halbe Schrank war in Beschlag genommen von Mini-Pullovern, die etwa die Größe einer Serviette hatten.

Für die Jungenbabys hatte eine kleine Ecke mit praktischen

Strampelanzügen und kleinen Jogginghosen gereicht, von denen man, ohne groß darüber nachzudenken, einfach eine herausnehmen konnte. Jetzt lagen dort plötzlich ein paar Kubikmeter Strumpfhosen, lächerlich kleine Jeansröcke, Hosen im Military-Look, Spielhosen und schicke, winzige Pullover. Es war der Kleiderschrank einer Zwergenausgabe von Kate Moss. Eben mal schnell etwas überziehen, das war nicht mehr möglich, denn an jedem Kleidungsstück saßen diese winzigen Knöpfe. Man konnte manchmal auch nicht genau erkennen, was oben und was unten sein sollte. Und zu allem Überfluss schien es nur wenige akzeptable Farbkombinationen zu geben. Jeden Tag stoppte wieder das Auto eines Paketdienstes vor unserem Haus und ein Bote brachte ein Päckchen mit Mädchenklamotten, die über einen Online-Marktplatz den Weg zu uns gefunden hatten. Oder es stand eine Nachbarin vor der Tür mit zwei Plastiktüten voller Babysachen von einer angeheirateten Großnichte unter dem Arm.

Etwa zu dieser Zeit begriff ich, dass Mädchen wirklich anders sind als Jungen. Und das nicht erst, wenn sie sechs Jahre alt sind oder 23. Nein, schon von Geburt an. Sie schauen anders, sie lachen anders, sie benehmen sich anders. Es passieren lauter merkwürdige Dinge, die für ein einfaches Männergehirn schlicht unverständlich sind. Ehe man es sich versieht, irrt man als Mann in einem Weiblichkeitsnebel herum. Ein Gebiet, in dem einen das eigene Gefühl und alles Wissen im Stich lassen. Doch dafür gibt es nun zum Glück dieses Buch, das Vätern erklären soll, warum Mädchen anders sind als Jungs. Und das ist verdammt wichtig. Denn Vater einer Tochter zu sein, bedeutet, in den nächsten etwa 15 Jahren der entscheidende Mann im Leben eines Mädchens zu sein – eine wirklich große Aufgabe.

Gerard Janssen

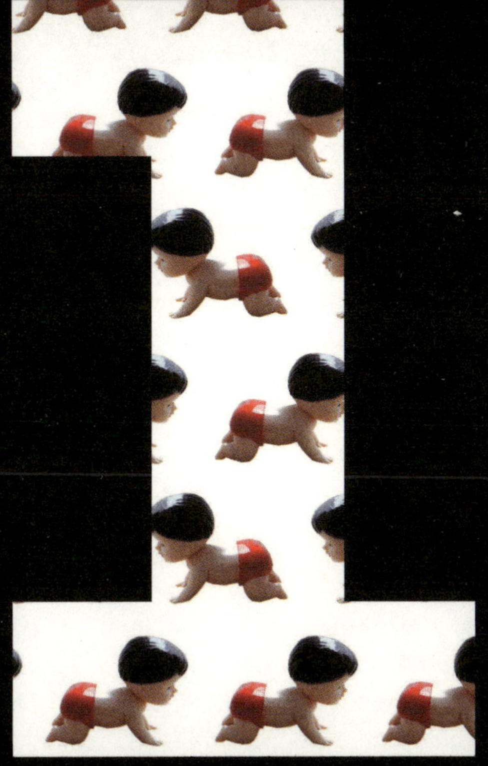

DER VATER

PAPA kann ALLES

Vater zu sein, ist nicht einfach. Eine Tochter wünscht sich einen Vater, der ihr zuhört, der Komplimente macht, der gefühlvoll ist. Und der, wenn sie traurig ist, eine Patentlösung parat hat und sich natürlich nur ihre Seite der Geschichte anhört. Aber eine Tochter will auch, dass ihr Vater ein echter Kerl ist, der das Auto repariert, wenn die Familie mit einer Autopanne am Straßenrand liegen bleibt, der immer beim Tischtennis gewinnt und der mit bloßen Händen die riesige Spinne aus dem Badezimmer entfernt.

In den Regalen der Buchhandlungen findet man Hunderte Bücher aus der Reihe »... für Dummies«. Aber es existiert kein Buch »Vater sein für Dummies«. Aus der Perspektive deiner Tochter erscheint das nur logisch, denn ihr Vater kann kein Dummy sein. Aus deiner Perspektive ist das vielleicht weniger eindeutig. Doch egal – du kannst jetzt, solange deine Tochter noch klein ist, versuchen, in Windeseile auf so vielen Gebieten wie möglich zum Experten zu werden.

WAS VÄTER KÖNNEN

- Auto fahren
- zeichnen
- Handstand
- einen Ball ganz weit werfen
- tiefe Löcher graben
- auf Bäume klettern
- sehr schnell laufen
- Pferd sein
- Baum sein
- Apparate reparieren
- einen in die Höhe heben
- Reifen flicken
- ein Zelt aufbauen
- mathematische Probleme lösen
- Schach spielen
- Bier trinken
- Fußball gucken
- Zeitung lesen
- Fleisch schneiden
- schnarchen
- ins Büro gehen
- Rasen mähen
- grillen

DER ABWESENDE VATER

Du bist wenig zu Hause? Ein Vater, der viel arbeiten muss, kann sich problemlos herausreden.

Warum es okay ist, ein Wochenendvater zu sein

Menschen sind Jäger und Sammler. Früher gingen die Männer in den Wald, um Wild zu jagen, und die Frauen pflückten Beeren und blieben zu Hause. Eigentlich hat sich da wenig verändert. Heute gehen die Männer ins Büro und die Frauen kaufen ein und kochen das Essen. Unser Leben ist also im Grunde immer noch ähnlich strukturiert wie das unserer Vorfahren. Bei dieser Lebensform fühlen sich alle Menschen wohl. Wusstest du übrigens, dass Männer, die sich um die Kinder kümmern und in deren Familie die Frau das Geld verdient, in der Regel unglücklicher und häufiger krank sind als diejenigen, die Hauptverdiener der Familie sind?

DER HAUS-MANN

Du hältst nicht viel vom Jagen, aber auch nicht vom Aufräumen? Kein Problem.

Warum es okay ist, ein Hausmann zu sein

Gut, ich verdiene kein Geld und habe auch nicht aufgeräumt, aber ich musste ja mit meiner Tochter spielen. Schließlich ist es wichtig, dass ich eine Bindung zu ihr aufbaue. Eine Tochter, die ein gutes Verhältnis zu ihrem Vater hat, ist glücklicher, hat später einen besseren Job und wird seltener im Teenageralter schwanger.

Männer, die die Kinder zu Hause versorgen, sind Vegetarier und Weicheier. Echte Männer jagen gefährliche Mastodons. So etwa redet die innere, testosterongesteuerte Stimme in vielen Männergehirnen. Und hat diese Stimme nicht ein bisschen recht?

HAUSMÄNNER SIND vegetarier

Ein Mann, der alles über die Väter weiß, die sich entschlossen haben, Hausmann zu sein, ist der Psychologe Vincent Duindam, Vater von zwei Töchtern im Teenageralter. Seit 15 Jahren begleitet er eine Gruppe von 182 Hausmännern. Seine Untersuchungen sind weltweit anerkannt.

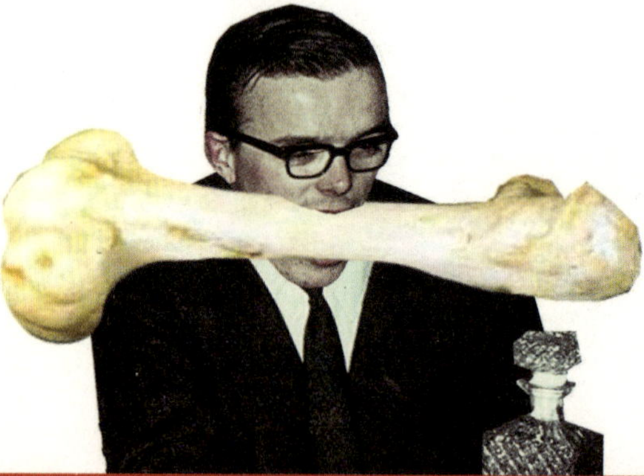

Haben die viel beschäftigten Väter recht? Sind Männer dann am glücklichsten, wenn sie den ganzen Tag hart arbeiten und abends mit reicher Beute nach Hause kommen?

»Nein nicht wirklich. Es hat sich gezeigt, dass Männer, die in ihrer Karriere einen Schritt zurücktreten – also beispielsweise einen Tag weniger arbeiten –, glücklicher sind und eine stabilere Beziehung haben als hart arbeitende Väter. Es ist allerdings so, dass echte Hausmänner, deren Frauen das Geld für die Familie verdienen, häufig unglücklich und öfter krank sind. Männer sollten also auf jeden Fall ein bisschen weiterarbeiten. Meine Untersuchung hat ergeben, dass ein Vater in der Regel am glücklichsten ist, wenn er vier Tage arbeitet und sich an drei Tagen um die Familie kümmert.«

Sind Männer tief in ihrem Herzen doch Jäger?

»Es ist alles halb so wild mit unseren jagenden Urahnen. Laut der aktuellen Forschung sind die Urmänner gar nicht so häufig auf Großwildjagd gegangen, sondern haben eher Hasen erlegt. Dabei arbeiteten sie auch mit den Frauen zusammen. Die Frauen fertigten zum Beispiel die Seile, mit denen die Hasen gefangen wurden. Auch der moderne Mann ist dann am glücklichsten, wenn er den Haushalt zusammen mit seiner Frau bewältigt. Das geht aus meiner Untersuchung eindeutig hervor. Und auch die Frau schätzt die Zusammenarbeit.«

Warum sind Vollzeit-Hausmänner dann unglücklicher als Hausfrauen?

»Wahrscheinlich ist das tief im Unterbewusstsein der Männer verankert. Für sie ist es wichtig, was sie tun und was sie damit verdienen. Frauen legen Wert auf andere Dinge. So gibt es zum Beispiel kaum eine Frau, die sich selbst schön findet.«

Sind Töchter von Hausmännern glücklicher als die von Vätern, die weniger Zeit mit ihnen verbringen?

»Dazu kann ich keine wissenschaftlich belegbare Aussage treffen, obwohl ich auch eine Kontrollgruppe von Männern begleite, die viel arbeiten und wenig zu Hause sind. Es scheint aber in der Tat so zu sein, dass Töchter von Hausmännern sich überdurchschnittlich gut entwickeln.«

Töchter leiden häufiger als Söhne unter depressiven Verstimmungen. Hat der Vater darauf Einfluss?

»Heutzutage haben zehn bis zwanzig Prozent der Mädchen Probleme mit Depressionen und Essstörungen. Es ist ja auch schwierig, den gängigen Schönheitsidealen zu entsprechen. Als Vater kann man dies vielleicht nicht direkt beeinflussen, aber man kann dazu beitragen, dass die Tochter ein gesundes Selbstbewusstsein entwickelt.

Nehmen Sie sich die Zeit dafür, eine gute Beziehung zu Ihrer Tochter aufzubauen. Und geben Sie ein gutes Vorbild ab. Vermeiden Sie es, ständig in Eile zu sein. Lassen Sie es auch einmal ruhig angehen. Wenn Sie Ihre Tochter von der Schule abholen, dann fahren Sie eine Viertelstunde früher los, damit Sie den eigenen Stress abschütteln und Ihre Tochter fröhlich und entspannt begrüßen können. Sorgen Sie für gute Stimmung, viel Spaß und nörgeln Sie nicht zu viel herum.«

STATISTIK

IMMER MEHR ALTE VÄTER

90.000

60.000

30.000

Neugeborene Kinder haben immer häufiger einen Vater in den Vierzigern. 2011 hatten in Deutschland 107.000 Babys einen Vater über vierzig Jahre (= 16 Prozent aller 2011 zur Welt gekommenen Babys). Elf Jahre zuvor waren es noch acht Prozent.

Quelle: Statistisches Bundesamt

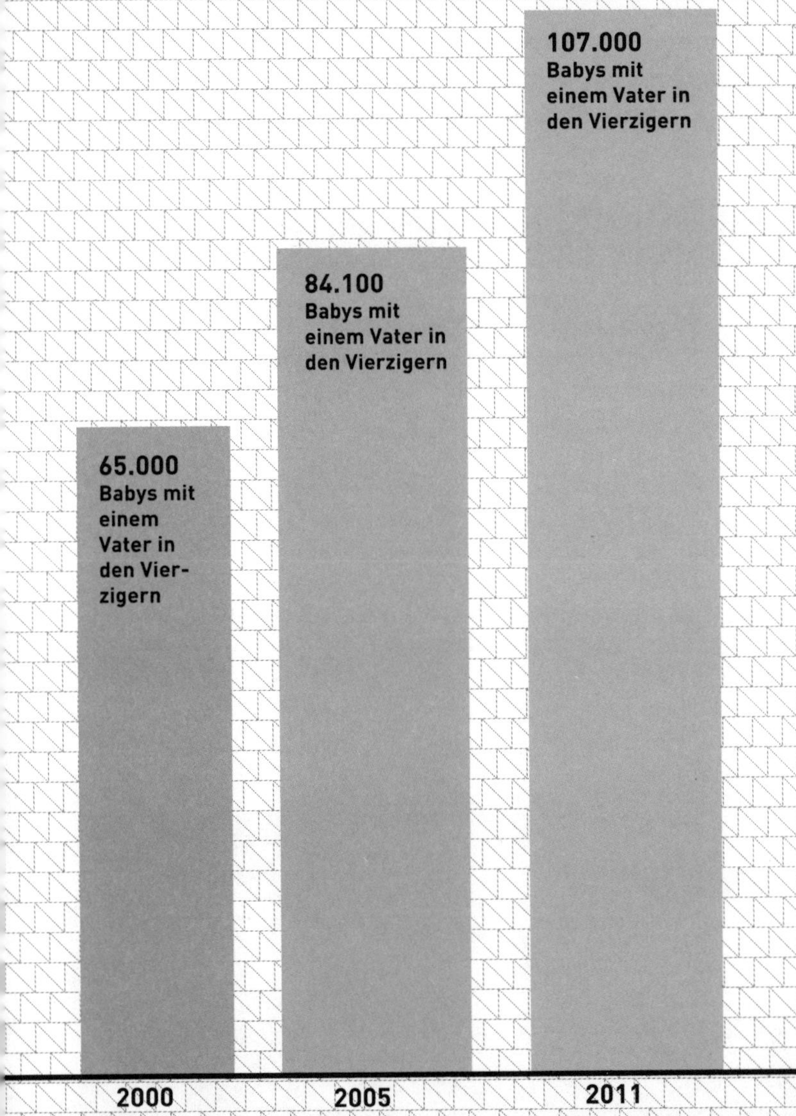
65.000
Babys mit einem Vater in den Vierzigern
84.100
Babys mit einem Vater in den Vierzigern
107.000
Babys mit einem Vater in den Vierzigern
2000
2005
2011

Verglichen mit Männchen aus dem Tierreich sind die Menschenmänner doch echte Weicheier. Ein Tier lässt sein Weibchen für die Kinder sorgen, oder?

VÄTER im REICH DER TIERE

Ein Löwe hat mindestens ein Dutzend Weibchen. Er liegt zufrieden schnarchend herum, bis seine Frauen etwas zu fressen gefangen haben. Von dieser Beute bekommt er dann aber die besten Stücke. Er liebt seine Kinder, solange diese etwa einen Kilometer weit entfernt von ihm sind. Ab und zu steht er auf, reckt sich und lässt sein beeindruckendes Gebrüll über die Ebene schallen. Im Zoo amüsieren sich die Tiere wahrscheinlich prächtig über all die vegetarischen Vollzeitväter, die mit ihren Kindern an ihnen vorbeispazieren. Andererseits fragen sich vielleicht viele Väter im Zoo, wo eigentlich ihr inneres Alphamännchen abgeblieben ist.

Professor Jan van Hooff, emeritierter Hochschullehrer für Verhaltensbiologie, ist der richtige Mann für diese bohrenden Männerfragen.

Ist ein Vater, der Kinder versorgt, eigentlich etwas Natürliches?

»Ja sicher. Es ist ja nicht so, dass die Sorge für die Kinder eine rein weibliche Eigenschaft wäre. Es gibt da ganz unterschiedliche Modelle. Bei den meisten Tieren bleiben die befruchteten Eier im Körper der Mutter und sind dort ausschließlich ihr Problem. Beim Stichling aber ist es anders: Die Frau legt die unbefruchteten Eier ab und schwimmt davon. Das Fischmännchen befruchtet die Eier und kümmert sich dann darum. Bei den maulbrütenden Buntbarschen kümmern sich sowohl der Vater als auch die Mutter um die Brut. Die Eltern nehmen die befruchteten Eier mit dem Maul auf und diese können dann in der Mund- oder Kiemenhöhle reifen. Bei diesen Barschen gibt es dabei keinerlei Unterschied zwischen den Geschlechtern. Bei Vögeln trifft man ein solches Brutverhalten ebenfalls an. Wenn das Ei im Nest liegt, sind Männchen und Weibchen gleichermaßen zuständig. Das Männchen kann sehr aktiv zur Brutpflege beitragen, indem es viele Würmer fängt.«

Gibt es auch Beispiele für aktive Väter bei wilden Tieren?

»Bei den meisten Tieren ist die Mutter-Kind-Beziehung entscheidend. Eine Vater-Kind-Beziehung gibt es nur bei Arten, bei denen der Vater sich sicher sein kann, dass die Nachfahren seine Kinder sind. Und bei Tieren, bei denen das Weibchen seine Kinder nur schwerlich allein großziehen könnte. Wölfe sind ein Beispiel dafür. Wolfswelpen sind blind und vollkommen von ihrer Mutter abhängig. Es dauert lange, bis sie sich selbst vor Gefahren schützen können.«

»Für eine Mutter mit Welpen ist es darum schwierig, sich zig Kilometer vom Wurf zu entfernen, um Nahrung zu suchen. Der Vater der Welpen steht vor einer evolutionären Entscheidung: Verhält er sich promiskuitiv oder monogam? Wenn er der Mutter hilft, überleben wahrscheinlich fünf der sechs Welpen. Lässt er die Mutter im Stich, wird nur eines der sechs überleben. Das heißt, er müsste dann sechs Weibchen begatten, um ebenso viele Nachkommen zu zeugen. Es macht also durchaus Sinn, ein Weibchen zu unterstützen. Tut er dies, entsteht auch eine Verbindung zwischen dem Vater und seinen Welpen. Der Mensch ähnelt gerade in der Vater-Kind-Beziehung eher dem Wolf als einem Schimpansen, er wird daher oft auch als wölfischer Affe bezeichnet.«

Gibt es Tierarten, bei denen das Verhalten der Väter das Leben der Töchter beeinflusst?

»Ja, nicht nur bei den Wölfen kann man sehen, dass der Vater sich an der Aufzucht der Welpen beteiligt. Auch bei den Zwergaffen ist es so, dass die Mütter die Hilfe der Väter beim Versorgen der Kinder brauchen. Nicht nur, um Nahrung zu besorgen, sondern um die Babys zu tragen, weil sie so groß sind. Werden die Äffchen-Töchter viel und oft herumgetragen, können wir beobachten, dass sie später reif werden als diejenigen, die nicht oder selten getragen wurden.«

WIE MAN DEN ERFAHRENEN VATER MARKIERT …

Wenn du nach der Geburt deines ersten Kindes einen Tag weniger arbeitest, wirst du sehr beschäftigt sein. Und dieses Beschäftigtsein ist eine Kunst. Jeder erfahrene Vater weiß, dass ein Vater, der zeigt, dass er ziemlich beschäftigt ist, ein Anfänger ist oder etwas zu verbergen hat. Bleib darum ganz cool. Halte dich an die folgenden Dos und Don'ts, sonst verrätst du dich so schnell wie ein Polizist in Zivil mit Einsatzschuhen und einer Tageszeitung unter dem Arm.

WIE MAN DEN ERFAHRENEN VATER MARKIERT …

DOs

- Lass dich seufzend auf eine Bank fallen, lehn dich zurück und entspann dich. Reagiere leicht genervt auf jede Form der Interaktion, die deine Tochter sucht. Spring nicht sofort auf, wenn sie heult. Und stell dich taub, wenn sie fragt, ob du mitspielen willst.

- Unternimm einen lustlosen Versuch, deine Tochter davon abzuhalten, nach Süßigkeiten zu betteln. Wenn sie weiterquengelt, gib ihr etwas Süßes, damit sie damit aufhört.

- Überlass sie einfach ein bisschen sich selbst. Wenn sie unbedingt auf ein Fahrrad steigen will, wird ihr bestimmt jemand helfen. Sonst sorgt sie schon dafür, dass du es irgendwann tun wirst. Dafür haben Mädchen ihre ganz eigenen Manipulationstechniken.

DON‘ts

- Auf dem Spielplatz übertrieben nett mit deinem Kind spielen und ständig die Aufmerksamkeit deines Nachwuchses fordern.

- Zu konsequent sein und alles ablehnen, was schlecht ist. Und befürworte nicht alles, was gut für deine Tochter ist.

- Versuchen, ihr alles beizubringen: schaukeln, Rad fahren. So funktioniert das nicht im wirklichen Leben.

- Sofort aufspringen, wenn deine Tochter hinfällt. Und schau nicht besorgt, wenn sie weint.

- Mit einem zufriedenen Lächeln einen dicken Roman oder eine Zeitung aufschlagen. Der erfahrene Vater weiß, dass er in den nächsten 14 Jahren keine Ruhe mehr zum Lesen haben wird.

SMALL
TALK
training

Wenn das »Mannsein« nicht als ein normaler menschlicher Zustand angesehen wird, dann gilt es wahrscheinlich als eine Art Krankheit, die in die Richtung Autismus geht. Du bist auf jeden Fall sicher nicht der erste Vater, der beim Abholen oder Bringen der Knirpse in der Kinderbetreuung nicht weiß, was er zur Gruppenleiterin, der Lehrerin, zu anderen Müttern oder – noch schlimmer – anderen Vätern sagen soll. Es gibt Väter, die das perfekt beherrschen und dieses Training überspringen können. Für alle anderen im Folgenden einige Tipps für »normales menschliches Benehmen«. Oder: Wie man ein völlig nichtssagendes Gespräch übersteht.

REDEWENDUNGEN FÜR JEDE GELEGENHEIT

»Auch ein blindes Huhn findet einmal ein Korn.«

»Jetzt geht das Theater los.«

»Wir leben wie die Made im Speck.«

»Versuchen wir unser Glück.«

Wenn jemand etwas zu dir sagt, heißt das nicht, dass diese Person wirklich etwas zu erzählen hat. Das macht aber nichts. Sagt jemand etwas Selbstverständliches – »So, da wären wir wieder« – oder etwas Bedeutungsloses – »Das ist heute aber ein Wetterchen …« –, dann brauchst du darauf nicht groß einzugehen. Es reicht, wenn du etwas in der Art antwortest:

- »Ja, sieht so aus.«
- »Genau.«
- »Auf keinen Fall.«

»Ja genau!«

Wichtiger als das, was jemand sagt, ist die Art und Weise, wie es gesagt wird. Zeigen die Mundwinkel nach oben und bilden die Augenbrauen ein Dach, kannst du immer Dinge antworten wie:

- **»Wir leben wie die Made im Speck.«**
- **»Eine fliegende Krähe findet allzeit etwas.«**
- **»Auch ein blindes Huhn findet einmal ein Korn.«**
- **»Versuchen wir unser Glück.«**
- **»Der Wind steht günstig.«**

Wenn die Mundwinkel nach unten hängen und die Augenbrauen ein V bilden, solltest du besser etwas in der Art sagen:

- **»Wir kommen vom Regen in die Traufe.«**
- **»Wie es aussieht, sitzen wir ganz schön in der Patsche.«**

Versuche niemals, jemandem etwas zu erzählen, was dieser noch nicht weiß. Das ist ein absolutes Tabu, denn jeder wird nervös, wenn ihm etwas erklärt wird.

- **»Ganz schöner Wichtigtuer, oder?«**
- **»Besser ein leerer Becher als eine volle Windel.«**

Wenn Menschen dich etwas fragen, dann sind sie nicht etwa neugierig, sondern wollen nur Freundlichkeiten austauschen. Ausnahmen sind Fragen, die »Wo« und »Wie spät« enthalten.

»Junge, Junge!«

»Auf keinen Fall.«

»Was für ein Zustand!«

»Jetzt geht das Theater los.«

»Hallo, wohnen Sie hier schon lange?«

Falsch: »Das hängt davon ab, was Sie unter wohnen verstehen.«

Richtig: »Etwa zwei Jahre. Sie doch auch ungefähr, oder?«

»Wie spät ist es?«

Falsch: »Sternenzeit 315678.«

Richtig: »Halb drei. Du meine Güte, schon so spät.«

Dinge, die du sagen kannst, wenn du dein Kind zur Kinderbetreuung bringst:

»Guten Morgen. Was für ein Wetter heute!«

Zur Tochter (sodass jeder es hören kann):

»Sollen wir noch zusammen puzzeln?«

»Soll Papa noch ein Buch vorlesen?«

»Also Tschüühüs. Küsschen! Tschüüs.«

Beim Abholen der Tochter:

»Hallo, da bin ich wieder.«
(Zur Leiterin)
»Hat sie gut geschlafen? Wie lange? So, so, dann wird sie wohl müde sein.«
(Zur Tochter)
»Kommst du mit Papa? Sag mal Tschüs zu ... (Name der Leiterin ergänzen, siehe Workshop ›Namen merken‹ auf Seite 104.)«

Wenn Mütter neben dir stehen und bedeutungslose Dinge zu dir sagen, heißt das nicht unbedingt, dass sie

- **in dich verliebt sind,**
- **dir etwas verkaufen wollen,**
- **dir etwas abnehmen wollen oder**
- **dich quälen wollen.**

Einige Menschen, vor allem Frauen, finden es einfach nett, etwas zu sagen und dir zuzuhören, wenn du antwortest. Sie nennen das Sozialverhalten.

»Sternenzeit 315678.«

»Küsschen.«

»Ja, prima!«

MÄDCHEN & SCHÖNHEIT

STATISTIK

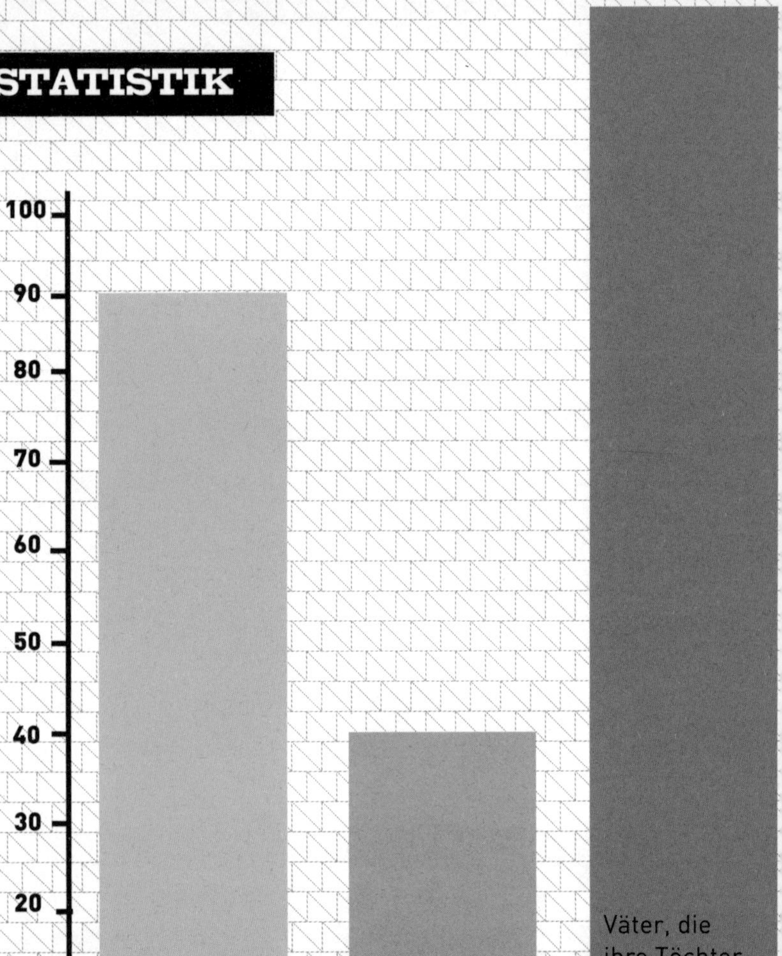
100
90
80
70
60
50
40
30
20
10
%
Mädchen, die sich selbst schön finden.
Väter, die sich selbst nicht schön finden.
Väter, die ihre Töchter für besonders hübsch halten.

Väter, die ihre Töchter hässlich finden.
Schöne Väter.
Schönheits-operierte Mädchen.

Wenn Mädchen klein sind, sind sie zufrieden mit ihrem dicken Po, ihren dicken Beinchen, ihrem dicken Bauch und ihren vollen Windeln. Doch an irgendeinem Punkt zwischen Kindheit und Erwachsensein ändert sich dies. Mädchen schauen dann immer länger und häufiger in den Spiegel. Und sie sehen dabei immer unglücklicher aus.

SPIEGLEIN, SPIEGLEIN an der wand

Kritisch

Niemand ist so kritisch wie eine Frau vor einem Spiegel. Frauen finden ihre Nase zu groß, ihre Beine zu kurz, ihren Bauch zu dick, ihren Po zu schlaff, ihre Wimpern zu kurz und ihre Augen zu klein. Aus einer Untersuchung, die die Harvard-Psychologin Nancy Etcoff für die Körperpflegemarke Dove anhand von 3200 Frauen aus zehn Ländern erstellte, ging hervor, dass sich nur eine von fünfzig Frauen als schön bezeichnen würde.

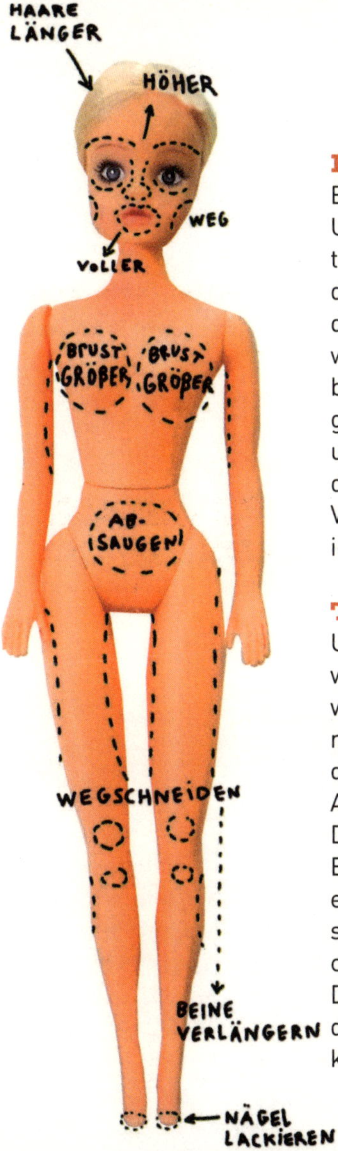

Idealbild

Einige sehen die Schuld für diese Unzufriedenheit bei den Zeitschriften. Denn nicht genug damit, dass die schönsten Mädchen der Welt darin abgebildet sind, ihre Fotos werden auch noch mit Photoshop bearbeitet. Ein Mädchen muss ein gutes Selbstbewusstsein besitzen, um in einer Welt zu bestehen, in der ihm Medien wie Zeitschriften, Videoclips und das Internet ständig ideale Frauenkörper präsentieren.

Tipps und Regeln

Und als ob das noch nicht reichen würde, bombardiert die Populärwissenschaft Mädchen auch noch mit allerlei Gesetzmäßigkeiten: dass schöne Menschen auf dem Arbeitsmarkt erfolgreicher sind. Dass symmetrische Gesichter Erfolg garantieren. Dass Frauen mit einer weiblichen Figur fruchtbarer sind. Von allen Seiten wird der Mädchenseele die Botschaft zugerufen: Das Äußere zählt! Wen wundert es dann, dass Mädchen sich selbst so kritisch gegenüberstehen.

Viele Mädchen sind bezüglich ihres Äußeren sehr unsicher. Psychologin, Sexualwissenschaftlerin und Autorin Sanderijn van der Doef erklärt, wie Väter zum positiven Selbstbild der Töchter beitragen können.

WARUM MÄDCHEN STUNDEN VOR DEM SPIEGEL VERBRINGEN

Bei Mädchen ist das Risiko, Essstörungen oder eine Depression zu entwickeln, höher als bei Jungen. Spielt der Vater dabei eine Rolle?

»Da bin ich mir sicher. Mädchen wollen schön aussehen. Besonders in der Pubertät reagieren sie sehr empfindlich auf die Bemerkungen ihrer Umgebung, gerade auch auf die des Vaters. Wenn ein Vater zu seiner Frau sagt, dass sie ein paar Kilos zu viel hat, oder wenn er Bemerkungen über die hübschen Tänzerinnen im Fernsehen macht, so kann dies Einfluss auf die Tochter haben. Ein Mädchen denkt dann: Offenbar finden Männer schlanke Frauen hübscher.«

Wie kann man seiner Tochter helfen, ein positives Selbstbild zu entwickeln?

»Mädchen brauchen Komplimente. Ein Vater sollte ruhig einmal sagen: ›Ich bin stolz auf dich‹, ›Du bist wirklich super in der Schule‹ oder ›Du siehst gut aus‹. Natürlich sollte er nicht plötzlich damit anfangen, wenn die Tochter 14 ist, das würde ein wenig seltsam wirken.«

Was empfehlen Sie Vätern, die einen anstrengenden Job haben und nicht immer aufmerksam sind?

»Es ist wichtig, dass ein Vater genau zuhört, wenn seine Tochter mit ihm spricht. Sonst fühlt sich ein Mädchen schnell abgelehnt. Außerdem lernt es so, dass es durchaus Männer gibt, die ihm gern zuhören. So wächst das Mädchen nicht mit der Vorstellung auf, dass Männer sich nicht für es interessieren oder grundsätzlich nicht zuhören.«

Was tut man, wenn die Tochter jeden Tag Stunden vor dem Spiegel verbringt?

»Wenn Ihre Tochter lange vor dem Spiegel steht, sollten Sie kein Problem daraus machen. Lassen Sie sie einfach. Ich würde mir eine Bemerkung überlegen, wenn sie sich mehrmals umgezogen hat, bevor sie irgendwo hingeht. Es ist für Ihre Tochter nämlich schön, wenn Sie dann sagen: ›Das hast du aber gut ausgesucht.‹ Wenn es Ihnen nicht gefällt, können Sie natürlich auch anmerken: ›Das ist mir ein bisschen zu modern.‹ Dann kann sie antworten: ›Papa, sei doch nicht so altmodisch. Du hast eben keine Ahnung.‹«

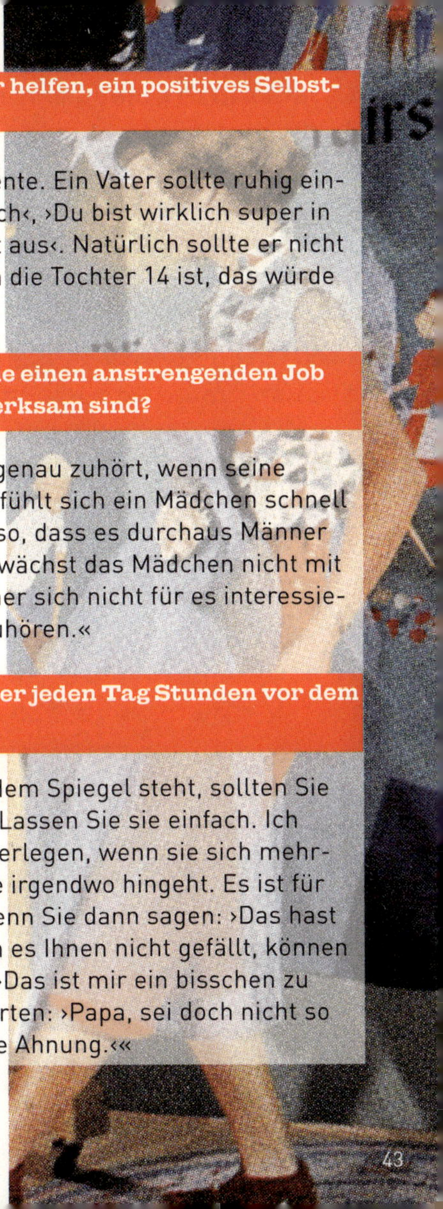

Es ist kein Problem, wenn du ihr mal den Rock verkehrt herum anziehst oder vergisst, ihr den Po abzuwischen. Es ist auch nicht schlimm, wenn du sie den Tisch mit wasserfesten Filzstiften vollmalen lässt. Aber schneide ihr absolut niemals die Haare. Natür-

HAARE

lich hast du recht. Die Haare hängen ihr in die Augen und sie sind total verfilzt. Aber wenn man mit einer Frau zusammenlebt, geht es nicht darum, ob man recht hat, sondern darum, ob man recht bekommt. Und du kannst niemals recht bekommen, wenn es um Mädchenhaare geht.

Mädchenhaare sind wichtig – für die Mutter und dann auch für die Tochter. Haare müssen lang sein und das dauert einige Jahre. Darum muss ein Vater unbedingt einige Techniken beherrschen, um Haare auch ohne Schere in Form zu bringen.

Die KLAMMER

Es gibt ganz unterschiedliche Haarklammern.

Die einfachen Klammern

Die Haarspange

Die Haarclips

Der HAARGUMMI

Mit einem Haargummi kann man Haare zu einem Pferdeschwanz oder Zöpfen zusammenfassen. Es ist nicht ganz einfach, ein Büschel Haare mit einem Gummi zusammenzubinden, aber Übung macht den Meister.

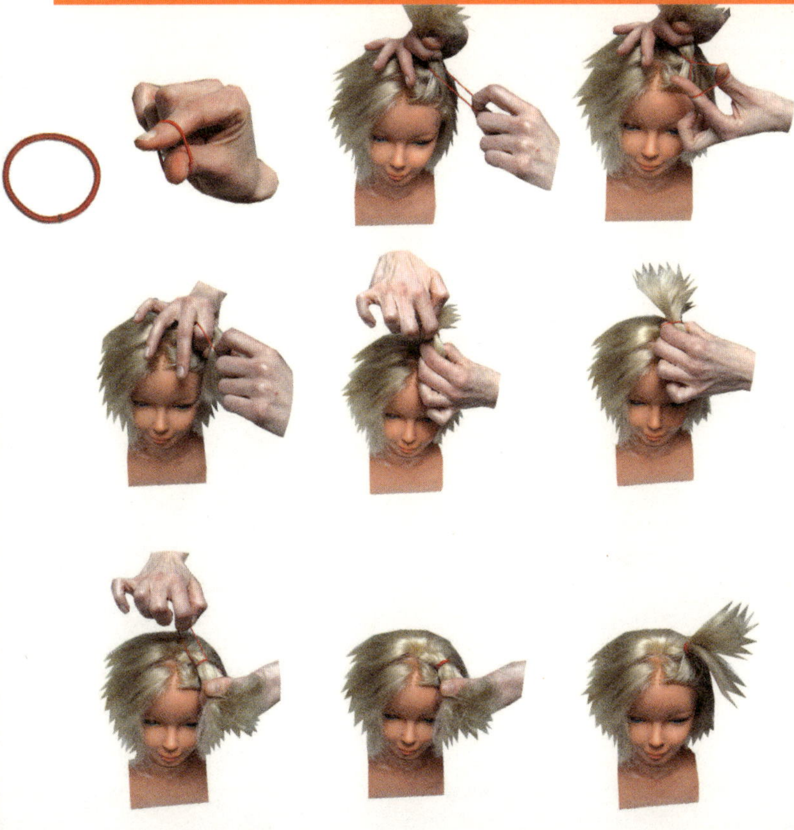

Wie macht mann ZÖPFE?

Schritt 1

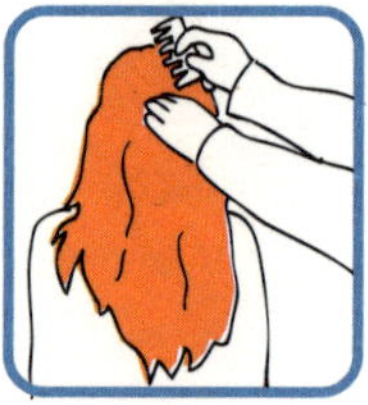

Zieh mit einem Kamm einen Mittelscheitel auf dem Hinterkopf, sodass die Haare in zwei Hälften unterteilt werden, die auf je einer Seite des Kopfes liegen.

Schritt 2

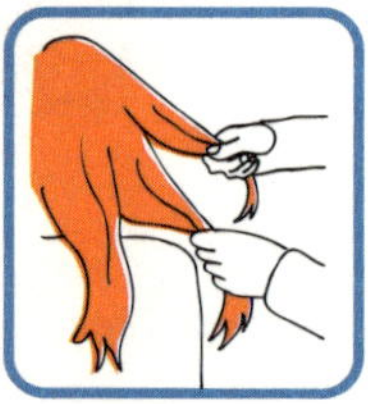

Teile die Hälfte jeweils in drei etwa gleich dicke Haarsträhnen.

Schritt 3

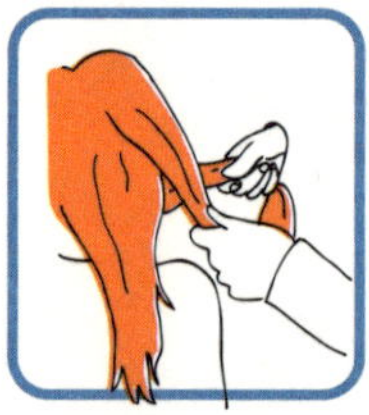

Lege die rechte Strähne über die mittlere und halte die beiden gut fest, damit sich das Ganze nicht wieder löst.

Schritt 4

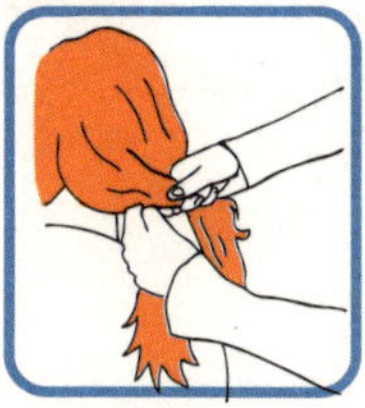

Lass die Strähne, die nun rechts liegt, einfach hängen. Nimm mit der anderen Hand die ganz linke Strähne und lege sie über den mittleren Strang.

Schritt 5

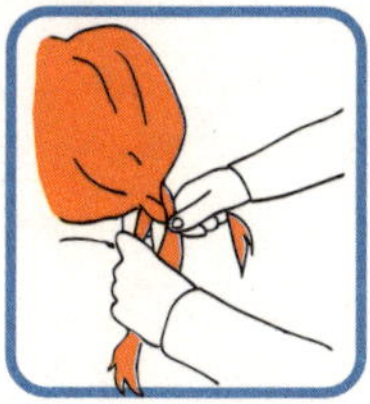

Lass nun wieder die Strähne hängen, die in der Mitte liegt, nimm die rechte Strähne und lege sie wieder über die mittlere Strähne.

Schritt 6

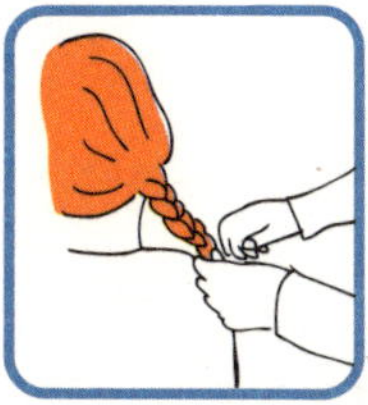

Fahre so fort, bis der Zopf zu Ende geflochten ist.

Schritt 7

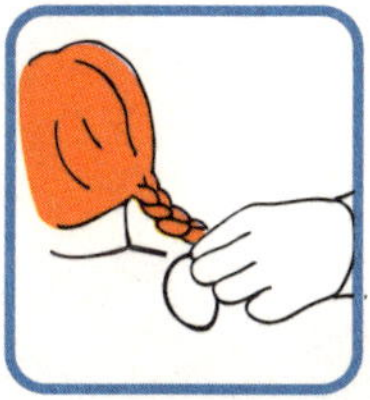

Nimm einen Haargummi und wickle ihn ein paarmal um das Ende des Zopfes, wobei du den Gummi jedes Mal in sich verdrehst.

Schritt 8

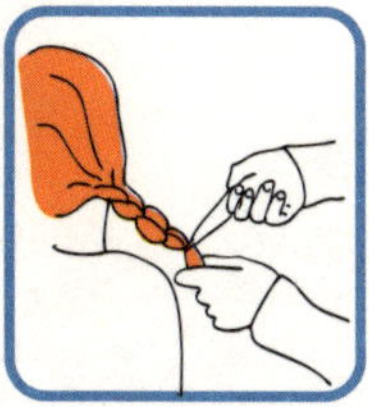

Jetzt noch die andere Seite und ...

fertig!

Willst du deiner Tochter eine Freude machen? Dann kauf ihr etwas Nettes, denn Mädchen lieben niedliche Dinge: ein Pony mit großen Augen oder ein quietschebuntes Seepferdchen. Es gibt dafür biologische Gründe: Etwas niedlich zu finden, gehört zu den menschlichen Überlebensmechanismen. Und jeder ist dafür empfänglich.

NIEDLICH

Die Krone aller Niedlichkeit ist das Baby. Bei den meisten Tieren sind die Gehirne schon ausgewachsen, wenn sie auf die Welt kommen. Doch beim Menschen ist das nicht möglich, denn in einen Babykopf passt kein ausgewachsenes Gehirn. Daher kommen Menschenbabys dumm zur Welt wie kleine Hamster. In der Tierwelt lässt sich kaum etwas so Hilfloses finden wie ein Menschenbaby. Da Babys ohne Hilfe nicht überleben können, spielen sie einen Joker aus, dem niemand widerstehen kann: Niedlichkeit.Etwas Niedliches will jeder mit nach Hause nehmen, verhätscheln und umsorgen. Wir sind so programmiert.

Niedlichkeit gibt es in verschiedenen Steigerungsformen: Große Augen sind niedlicher als kleine Augen. Ein runder Kopf ist süßer als ein viereckiger Kopf. Dumm ist bezaubernder als klug. Ein Baby, das Rubiks Würfel problemlos richtig einstellt, ist vielleicht genial, aber nicht niedlich. Und nicht niedlich zu sein, ist nicht besonders klug.

Das perfekte Baby hat einen großen runden Kopf mit zwei großen Augen, die dicht beieinanderstehen, eine zarte Stupsnase und zwei kleine Ohren. Auch die unkontrollierten Bewegungen verstärken seine niedliche Wirkung.

Forscher haben herausgefunden, dass ein süßes Bild (ein junges Kätzchen in einer Schöpfkelle, eine Babygiraffe mit kleinen Hörnern) bei Menschen ein vergleichbares Gefühl auslöst wie Sex, Schokolade oder Drogen. Niedlichkeit ist also eine starke Waffe. Das ist auch der Grund, warum sich manche Väter manipuliert fühlen, wenn sie unerwartet mit etwas unwiderstehlich Süßem konfrontiert werden. Aber es hat keinen Sinn, dagegen anzukämpfen. Schäm dich also nicht, in einem Spielwarengeschäft die entzückendsten Spielwaren für das niedlichste Mädchen der Welt zu kaufen.

Wörterbuch Make-up

Mädchen lieben Stifte, Farben und allerlei schmieriges Zeug, sie nennen es nur anders.

Mascara Das ist die schwarze Wasserfarbe, die über die Wangen läuft, wenn Mädchen und Frauen weinen. Die Wimpern sehen mit Mascara länger und dichter aus. Man trägt sie mit einer kleinen Bürste auf.

Rouge Eine rote Creme oder ein Puder. Wird mit einem Pinsel oder mit den Fingern auf die Backen aufgetragen. Gartenzwerge benutzen Rouge, damit sie immer frische rote Wangen haben.

Foundation Grundfarbe für das Gesicht in einem Farbton, der in etwa der Hautfarbe entsprechen sollte. Sorgt für das maskenhafte Zombie-Aussehen von extrem aufgetakelten Frauen.

Kajalstift, auch Kohlestift genannt (früher verwendeten Frauen echte Kohle), um die Augenränder zu schwärzen. Man zeichnet damit einen schwarzen (oder andersfarbigen) Strich auf den unteren und oberen Lidrand.

Eyeliner Eine Art Stift, mit dem man einen Lidstrich entlang der Wimpern auf dem oberen Augenlid ziehen kann. Gibt es in allen Farben zwischen dunkelstem Braun und Pechschwarz.

Abdeckstift Ein Stift, den es in verschiedenen Hauttönen gibt und mit dessen Hilfe man Pickel und andere Unreinheiten überdecken kann, um einen makelosen Teint zu bekommen.

Lippenstift Ein Stift, mit dem man den Lippen Farbe geben kann.

Lipgloss Eine Art Lippenstift, der die Lippen färbt und glänzen lässt.

Gib einem zweijährigen Mädchen eine Kiste mit Socken in allen Farben und sie wird die rosa Socken herausnehmen. Gib ihr eine Kiste mit Farbstiften und sie angelt den rosafarbenen Stift heraus. Wenn es nach kleinen Mädchen ginge, wäre die ganze Welt rosa.

WAS IST DAS NUR MIT MÄDCHEN & ROSA

Du kannst nichts dagegen tun. Eine Untersuchung über die Vorlieben bei Farben hat ergeben, dass die Liebe für Rosa tief in Mädchengehirnen verankert ist. Erklärt wird dies damit, dass reife Früchte meist rot oder rosa sind. Und dass ein gesunder Mensch am rosafarbenen Schimmer seiner Wangen zu erkennen ist. Männer müssen nicht auf Farben achten, sondern nur darauf, ob sich im Dunkeln etwas bewegt, etwa ein herumspringendes Eichhörnchen oder ein Opossum. Dann schießen sie es mit einem Stein vom Baum und braten es auf einem Feuer – lecker.

Rosa Zebras

Dass Mädchen Rosa lieben, ist Spielzeugherstellern natürlich schon lange bewusst. Daher ist auch der Teil im Spielwarengeschäft für Mädchen beherrscht von dieser Farbe. Es gibt diverse Pferde, alle möglichen Gegenstände mit Bildern von Rockstars und Kosmetikzeug, und das alles im Farbspektrum zwischen Hellviolett und Rosarot und ordentlich nebeneinandergelegt. Sogar Zebras sind in der Mädchenabteilung rosa.

Die Rosa-Prägung

Nun werden einige vielleicht einwenden, dass das doch logisch ist, weil die Spielwarentycoons auch jeden Tag rosafarbene Reklame für rosafarbenes Mädchenspielzeug machen. Da aber das ganze Mädchenspielzeug rosa ist, müssen Mädchen Rosa ja eigentlich schön finden. Da ist natürlich was dran. Es wurde auch von Wissenschaftlern der Universität im englischen Newcastle untersucht. Sie haben sich die Farbvorlieben von 171 Menschen angesehen. Unter den Testpersonen befanden sich 37 Immigranten aus China, die in ihrer Jugend nicht dem rosa Kommerz und Kinderspielzeug ausgesetzt waren. Dabei fiel auf, dass gerade diese chinesischen Frauen eine noch ausgeprägtere Vorliebe für Rosa hatten.

Widerstand zwecklos

Jeglicher Versuch, gegen die Vorliebe für Rosa anzugehen, scheint die Liebe zu dieser Farbe noch weiter zu verstärken. Hier können Väter eine wichtige Rolle übernehmen. Viele Mütter hassen nämlich rosafarbene Kinderkleider, sie stehen eher auf den Pippi-Langstrumpf-Stil, bevorzugen schicke Militarykleidung, punkige Jeans und ausgeleierte Shirts. Das Problem ist nur, dass die Töchter Rosa wollen. Und je weniger sie davon bekommen, desto mehr wollen sie. Zieh deinem Mädchen daher so oft wie möglich rosa Kleider an, um die Liebe für Rosa in Grenzen zu halten.

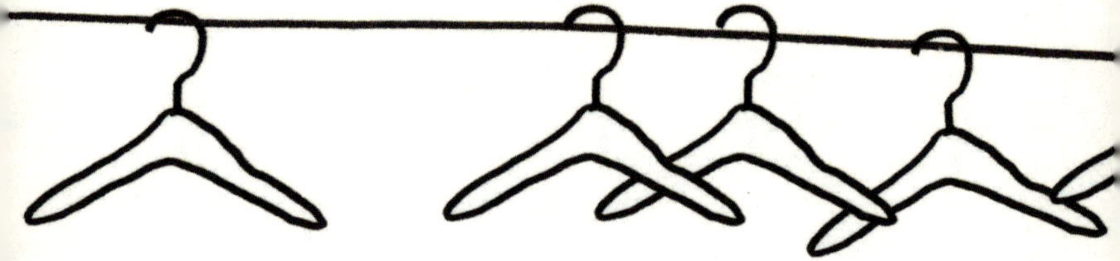

Styling

Mädchen anzuziehen, ist ein Kampf.

Ab dem Alter von einem Jahr oder zwei, manchmal sogar noch früher, ist es unmöglich, einem Mädchen Klamotten anzuziehen, die ihm gefallen. Der klassische Konfliktfall ist ein schöner, teurer Rock, den die Mutter gekauft hat und die Tochter partout nicht anziehen will. Das führt zu Zwang, Manipulation und Geschrei. Hier kann der Vater wunderbar eine ausgleichende Rolle übernehmen.

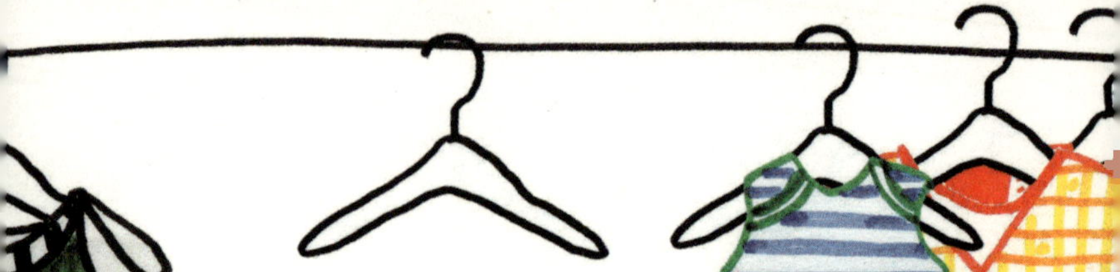

Erfahrungsgemäß haben Väter weniger Schwierigkeiten damit, ihre Töchter anzuziehen, als Mütter. Die Ursache muss wohl in der Mutter-Tochter-Beziehung gesucht werden, die sich für Männer in einer unsichtbaren Paralleldimension abspielt. Vätern ist es meist auch egal, was ihre Tochter trägt (zumindest solange sie noch klein ist). Das ist natürlich auch ein Problem. Väter greifen im Allgemeinen zum Naheliegenden, was in diesem Fall nicht sinnvoll ist. Deine Tochter sollte nämlich schon ein bisschen nett aussehen. Warum? Durch die Kleider deiner Kinder zeigst du, zu welcher sozialen Gruppe du gehörst, wer du bist und was du in etwa verdienst. Ist das wichtig? Ja, für Frauen auf jeden Fall. Warum? Das hat wieder mit der Paralleldimension zu tun. Nimm es einstweilen einfach so hin.

Tipp 1

»Wenn du deine Tochter Kleidung nicht selbst auswählen lässt, hast du sehr schnell ein Problem. Eine einfache Lösung ist es, Kleidung zu kaufen, die sich gut kombinieren lässt. Grau, Weiß, Dunkelblau und Schwarz. Spannend dabei bleibt, ob sie es sich auch anziehen lässt ...«

Sabine Geurten ist Chefredakteurin der Frauenzeitschrift »Glamour«. Sie hat selbst ein Töchterchen von drei Jahren und gibt jungen Vätern gern Tipps.

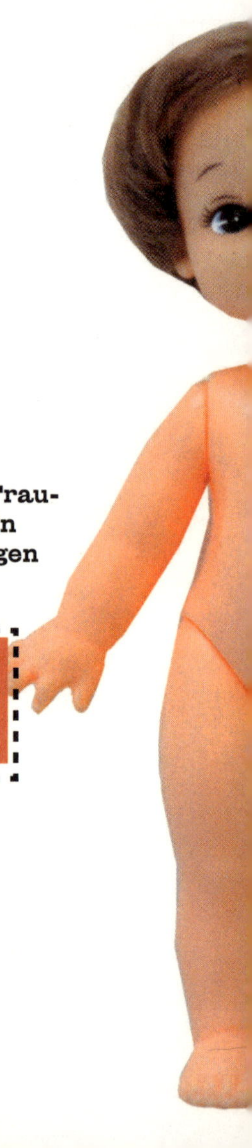

Tipp 2

»Viele Mädchen sind verrückt nach Puppen, Blumen, Bildchen und Glitter, aber das kann ganz schnell zu viel des Guten werden. Bevor man sich versieht, hat man eine wandelnde Zuckerstange an der Hand. Meine Lösung: schreiend bunte Unterwäsche kaufen mit Hello-Kitty-Motiv und was es sonst noch gibt. So hat die Kleine zwar etwas mit Bildern drauf an, aber man sieht es nicht.«

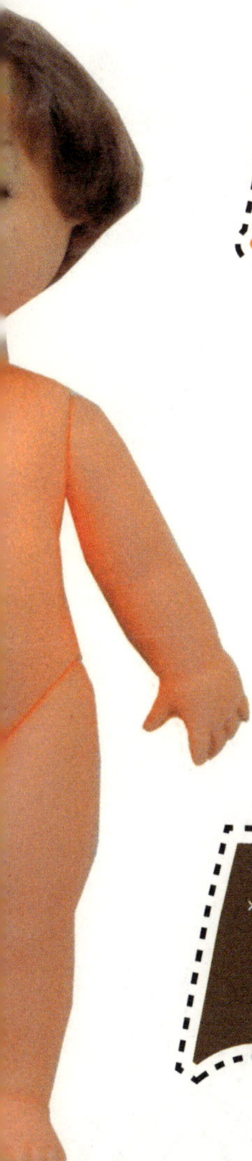

Tipp 3

»Wenn Männer ihre Töchter anziehen, geht manchmal einiges durcheinander. Hier eine Figur, da ein paar Streifen ... Versuchen Sie, die Kleidung eher schlicht zu halten.«

Tipp 4

»Berücksichtigen Sie den Teint ihrer Tochter. Ein blasses Köpfchen geht in zu farbenfroher Kleidung schnell unter.«

Tipp 5

»Gehen Sie nie, wirklich nie mit Ihrer Tochter Kleidung aussuchen. Damit bringen Sie sich nur selbst in Schwierigkeiten.«

SCHUHE
SCHUHE
SCHUHE

Frauen haben ein gestörtes Verhältnis zu Schuhen. Das weiß jeder. Sie träumen von begehbaren Schränken voll mit Modellen von Prada und Manolo Blahnik. Wenn die Sucht nach Schuhen nicht angeboren ist, wird sie von der Mutter auf die Tochter übertragen. Noch vor dem ersten Lebensjahr ist der Schuhschrank eines Mädchens gefüllt mit roten Stiefeln, winzigen Crocs, Mini-Ballerinas, Flip-Flops mit Blümchen und niedlichen Ugg-Boots. Aber Schuhe sind natürlich eigentlich vor allem zum Laufen gedacht. Das ist wieder etwas, das Väter begreifen.

Halte dich maßvoll zurück, wenn es um Frauenschuhe geht. Natürlich sind gesunde Füße wichtig, aber du kennst doch die Realität. Greif nur ein, wenn der Schuhwahnsinn aus dem Ruder läuft.

Tipps der Podologin (medizinische Fußpflegerin) Margriet Raaijen

Tipp 1

Achten Sie darauf, dass die Schuhe nicht zu klein sind.

»Viele Kinder laufen in zu kleinen Schuhen herum, merken es aber nicht. Deshalb können sie auch nicht sagen, dass die Schuhe nicht gut passen.«

Tipp 2

Bei den Zehen sollte unbedingt noch ein Zentimeter Platz nach vorn sein.

»Am besten lassen Sie bei jedem Schuhkauf die Kinderfüße neu vermessen. In guten Schuhgeschäften wird das sowieso gemacht. Die Zehen brauchen einen Zentimeter zusätzlichen Platz in den Schuhen. Beim Laufen rollen die Füße ab und brauchen dadurch mehr Platz. Um zu kontrollieren, ob der Abstand ausreicht, können Sie durch Druck mit dem Daumen prüfen, wo der große Zeh endet. Das ist jedoch machmal schwierig, weil Kinder ihre Zehen oft einziehen, wenn sie Schuhe probieren.«

Tipp 3

Schuhe sollten an der Ferse Halt geben.

»Es ist wichtig, dass die Schuhe an der Ferse gut passen, damit sie den Fuß stützen.«

Tipp 4
Kaufen Sie Schuhe mit Schnürsenkeln oder Klettverschluss.
»Schuhe mit Schnürsenkeln oder Klettverschlüssen sitzen am besten. Es ist wichtig, dass Sie die Schnürsenkel gut festziehen können. Die Löcher, durch die die Schnürsenkel gezogen werden, sollten nicht ganz nah nebeneinander sein, damit man den Schuh bei Bedarf noch etwas fester schnüren kann. Wenn Schuhe vorn Falten bekommen, sind sie zu breit.«

Tipp 5
Kaufen Sie keine Schuhe mit Ledersohlen.
»Auch die Sohlen sind wichtig. Für Kinder sind dämpfende Kunststoffsohlen besser als die eher harten Ledersohlen.«

Tipp 6 Schuhe dürfen nicht zu breit sein.
»Wenn Sie neben der Ferse noch einen Finger in den Schuh stecken können, ist er zu breit.«

Tipp 7 Kaufen Sie keine Schuhe im Internet.
»Allein die Schuhgröße sagt noch nichts darüber aus, ob ein Schuh von der Länge und Breite her passt. Schuhe verschiedener Marken können von der Größe her unterschiedlich ausfallen.«

Mädchen lieben Taschen. Schon als Dreikäsehoch laufen sie gern mit Plastiktüten in beiden Händen herum. Wenn sie älter werden, werden die Taschen zwar kleiner, aber auch teurer. Was sich darin befindet, ist ein Geheimnis.

TASCHEN ÜBER TASCHEN

Das Museum Hendrikje in Amsterdam ist eines von drei Taschenmuseen auf der Welt. Sigrid Ivo, Tochter der bekannten Taschensammlerin Hendrikje Ivo, ist Direktorin des Museums und Autorin des Buches »Taschen«.

Warum sind Mädchen so verrückt nach Taschen?

»Eine Tasche ist wie eine geheime Schublade in einem Schrank. Niemand außer dem Besitzer weiß, was sich darin befindet. Bei Taschen ist es auch egal, wie das Mädchen aussieht. Ist es dünn, vollschlank, groß oder klein – es gibt für jede Frau die perfekte Tasche, die zu ihr passt und ihren Tag verschönert.«

Wenn man eine Tasche für die eigene Tochter aussucht, worauf sollte man achten?

»Viele moderne Läden wie zum Beispiel H&M verkaufen heutzutage schöne Taschen für Mädchen. Sie müssen allerdings den Geschmack Ihrer Tochter schon sehr gut kennen, wenn Sie eine Tasche für sie aussuchen wollen. Ich würde Ihnen empfehlen, lieber zusammen mit Ihrer Tochter eine Tasche zu kaufen.«

Was ist die Tasche aller Taschen?

»Für mich ist es eine Art-déco-Tasche aus der Sammlung des Taschenmuseums, die aus Aluminium und Kunststoff besteht. Für Frauen, die bekannte Marken schätzen, ist die Birkin Bag von Hermès ein Muss.«

3 Typisch Mädchen

FRAUENPULK

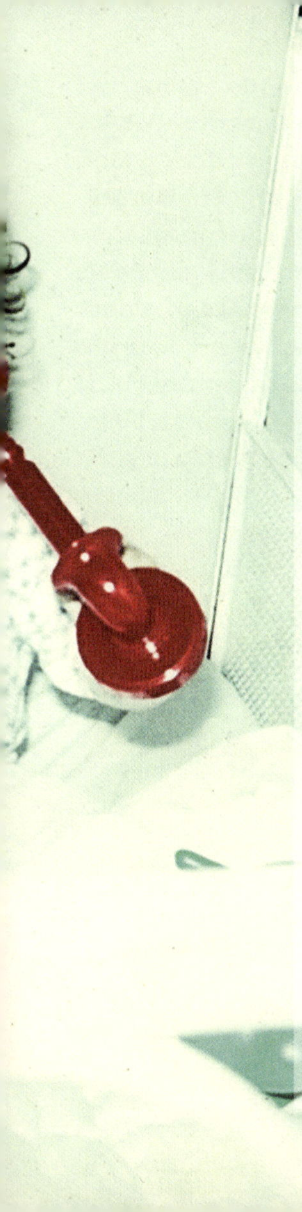

Männer halten Frauen für Individuen, doch das ist falsch. Deine Tochter ist nicht nur ein Mädchen, sie ist Teil von etwas Größerem. Ein Rädchen einer komplizierten, für Väter unergründlichen Maschine. Sie ist ein Glied in einer langen Kette. Sie ist durch komplizierte Kommunikationsmuster eng an ihre Freundinnen, ihre Mutter, ihre Cousinen gebunden. Gemeinsam bilden sie einen höheren Organismus, den »Frauenpulk«. In der Zeit von SMS, E-Mail, WhatsApp und Facebook gibt es da kein Halten mehr. Plappern, tippen, kichern, heulen, flüstern, fauchen und auf Knöpfchen drücken. Versuche erst gar nicht, dagegen anzukämpfen, sonst wendet sich der Pulk gegen dich.

Mädchen reden nicht, um Informationen auszutauschen. Für Frauen ist Reden eine Droge. Es ist ein Gefühl, als würde dir gebratenes Wildschwein serviert, nachdem du zwei Tage nichts gegessen hast, oder die Fußballnationalmannschaft mit 2 : 0 im Weltmeisterschaftsfinale vorn liegen.

Reden & ZUHÖREN

Die Neurologin Louann Brizendine: »Kommunikation aktiviert die Lustzentren im weiblichen Gehirn. Und das nicht nur in geringem Maße. Die Ausschüttung von Dopamin und Oxytocin ist nur beim Orgasmus größer.«

Aus: »Das weibliche Gehirn: Warum Frauen anders sind als Männer«, Louann Brizendine, Goldmann Verlag, München.

WICHTIG!

Die Worte »reden« und »zuhören« bedeuten für Töchter etwas anderes als für Väter. Reden ist nicht dasselbe wie interessante Dinge erzählen. Und zuhören ist nicht dasselbe wie interessante Dinge hören. Mädchen reden nicht nur, wenn sie etwas mitzuteilen haben, sondern auch, um zu sehen, inwieweit sie von anderen akzeptiert werden. Mädchen, die miteinander sprechen, rufen oft: »Oh nein, echt wahr? Wie blöd/wie nett/wie schön!« Mit vielen »Hmms« und zustimmendem Nicken signalisieren sie, dass sie auch dieser Meinung sind. Das ist ihre Art und Weise zu testen: »Gehörst du zu mir und gehöre ich zu dir?«

Ob du es gut findest oder nicht, du bist für deine Tochter das Männer-Modell. Wenn sie das Gefühl hat, dass du ihr nicht zuhörst, wird sie denken: »Männer finden mich dumm« oder »So sind Männer eben«.

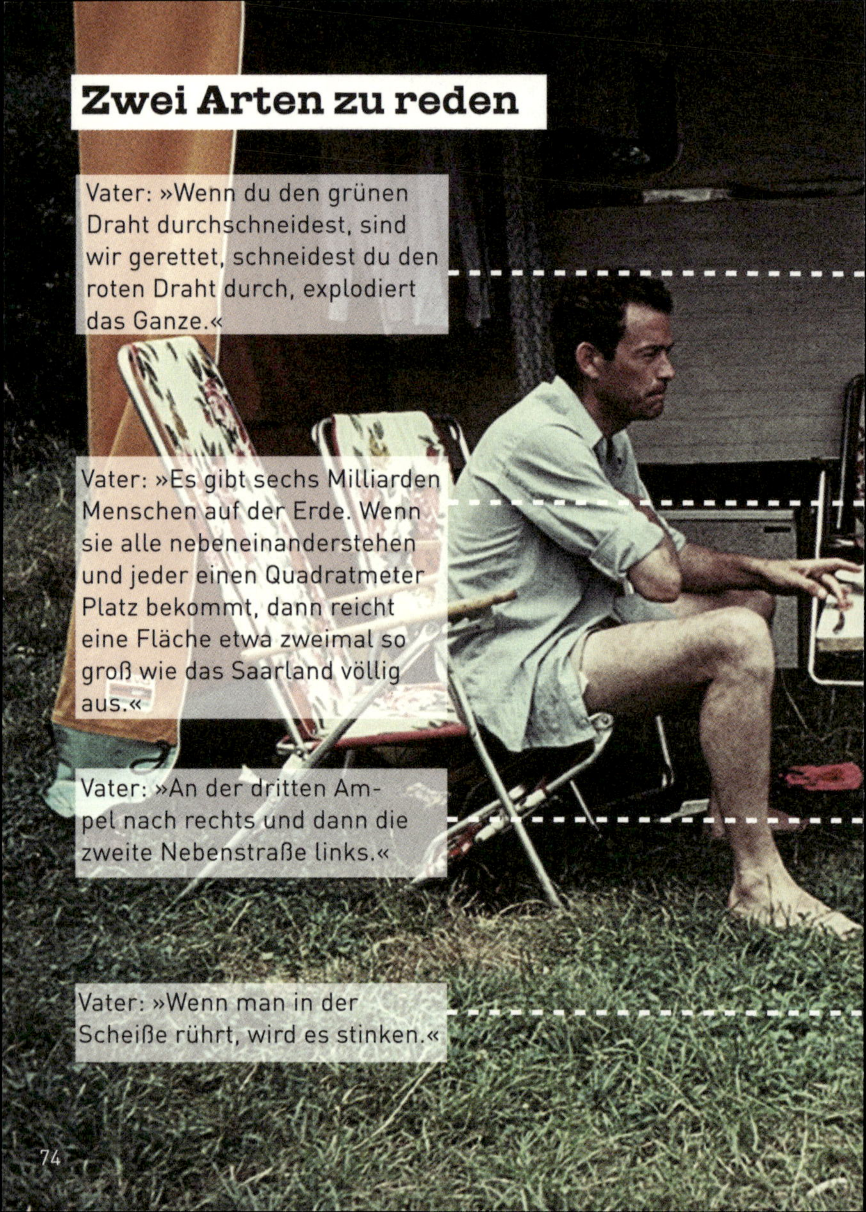

Zwei Arten zu reden

Vater: »Wenn du den grünen Draht durchschneidest, sind wir gerettet, schneidest du den roten Draht durch, explodiert das Ganze.«

Vater: »Es gibt sechs Milliarden Menschen auf der Erde. Wenn sie alle nebeneinanderstehen und jeder einen Quadratmeter Platz bekommt, dann reicht eine Fläche etwa zweimal so groß wie das Saarland völlig aus.«

Vater: »An der dritten Ampel nach rechts und dann die zweite Nebenstraße links.«

Vater: »Wenn man in der Scheiße rührt, wird es stinken.«

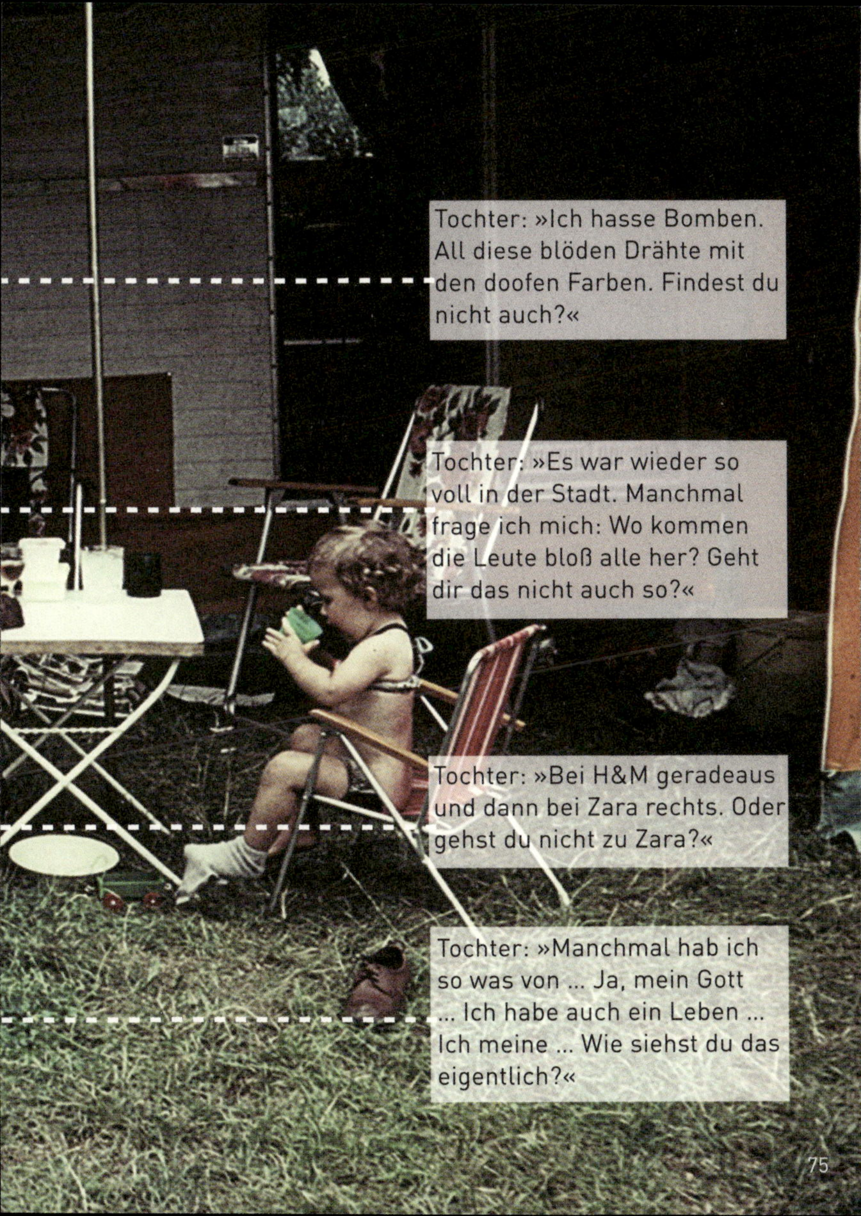

Tochter: »Ich hasse Bomben. All diese blöden Drähte mit den doofen Farben. Findest du nicht auch?«

Tochter: »Es war wieder so voll in der Stadt. Manchmal frage ich mich: Wo kommen die Leute bloß alle her? Geht dir das nicht auch so?«

Tochter: »Bei H&M geradeaus und dann bei Zara rechts. Oder gehst du nicht zu Zara?«

Tochter: »Manchmal hab ich so was von ... Ja, mein Gott ... Ich habe auch ein Leben ... Ich meine ... Wie siehst du das eigentlich?«

Was ist ... CHATTEN?

Eine schnelle Art des E-MAILENS.
Der CHATTER benutzt kurze Sätze,
auf die man sofort reagieren kann.
Über Programme wie ICQ und MSN
kann man seine Nachrichten
direkt senden.
Auf einer Kontaktliste kann man sehen,
wer online, beschäftigt oder abwesend ist.
Es gibt auch Chatrooms, in denen
immer Leute online sind.

MÄDCHEN GEHIRNE

Vielleicht hast du dir insgeheim einen Sohn gewünscht, mit dem du Fußball spielen, Drachen steigen lassen oder um die Wette pupsen kannst. Dann bist du bei der Geburt eines Mädchens vielleicht enttäuscht. Aber keine Sorge, es gibt nicht nur typische Mädchen-Mädchen. Es gibt auch Mädchen, die Spaß daran haben zu furzen und dir gern beim Heimwerken helfen.

So wie sich Frauenkörper von Männerkörpern unterscheiden, sind auch weibliche Gehirne anders als männliche. Dick Swaab ist einer der Pioniere im Bereich der Forschung nach diesen Unterschieden.

MÄDCHEN GEHIRNE

»1985 veröffentlichte ich den ersten Artikel über die anatomischen Unterschiede von Männer- und Frauengehirnen. Danach wurden Hunderte von Unterschieden entdeckt. Die größten Unterschiede befinden sich in den Gehirnregionen, in denen es um die Fortpflanzung geht. Und Männer haben natürlich nicht die Gehirnsysteme, die den monatlichen Zyklus regeln.«

Der Unterschied zwischen Jungen und Mädchen entsteht in der Gebärmutter unter dem Einfluss von Hormonen. Eine befruchtete Eizelle mit zwei X-Chromosomen bedeutet nicht zwingend, dass ein Mädchen geboren wird. Und auch nicht alle befruchteten XY-Eizellen werden zu Jungen. Die Entwicklung zum Jungen oder Mädchen ist eine zweistufige Rakete. Das Y-Chromosom sorgt für die Entwicklung der Testikel. Die Testikel beginnen ab der achten Woche, Testosteron zu produzieren. Dieses Testosteron ist dafür verantwortlich, dass ein Fötus männliche Eigenschaften entwickelt.

Die Hoden bilden sich, es wächst ein kleiner Penis und gleichzeitig beginnt das Gehirn sich anders zu organisieren. Im seltenen Fall, dass die Rezeptoren für das Testosteron nicht arbeiten, entwickelt ein Fötus mit XY-Chromosomen (genetisch also ein Junge) sich zu einem Mädchen. Andersherum ist es genauso: Tritt in einem Mädchenfötus viel Testosteron auf, dann entwickeln sich männliche Eigenschaften. Die Interaktion zwischen Geschlechtshormonen und dem Gehirn kann auch aufgrund von Medikamenten und anderen chemischen Stoffen während der Schwangerschaft, aber auch bei Stress der schwangeren Mutter atypisch verlaufen.

»Mädchen malen, wenn sie ein bis fünf Jahre alt sind, Puppen, Blumen und Schmetterlinge in leuchtenden Farben«, erzählt Dick Swaab. »Jungen in diesem Alter malen Soldaten, Flugzeuge und Autos in dunklen Farben. Doch Mädchen, die in der Gebärmutter einem zu hohen Testosterongehalt ausgesetzt waren, malen wie Jungen. Solche Mädchen, die sich wie Jungen benehmen, nennt man Tomboys. Sie haben eine ausgeprägte Vorliebe für Jungenspiele und raufen genauso gern wie Jungen.«

Kurz gesagt: Es gibt beides, das typische Mädchenverhalten und das jungentypische, von Testosteron geprägte Verhalten. Aber es ist ja nicht gesagt, dass ein Mädchen sich in jeder Beziehung mädchenhaft verhält. Wer weiß, vielleicht möchte deine Tochter dir gern helfen beim ...

- Einkleben der Fußballbilder,
- Programmieren des Flatscreens,
- Pupsefangen unter der Bettdecke.

Wörterbuch der Hormone

Hormone sind wie eine Art Flaschenpost, mit der man über den Blutkreislauf eine Botschaft von der einen Körperzellengruppe zur nächsten schickt. Nahezu jede Körperzelle, jedes Organ und jede Körperfunktion stehen unter Hormoneinfluss.

ÖSTROGEN

Östrogen ist ein Oberbegriff für verschiedene weibliche Sexualhormone. In der Pubertät sorgt es bei Mädchen dafür, dass die Brüste wachsen und sich andere weibliche Merkmale ausbilden. Bei Männern ist das Wirken von Östrogenen weniger ausgeprägt.

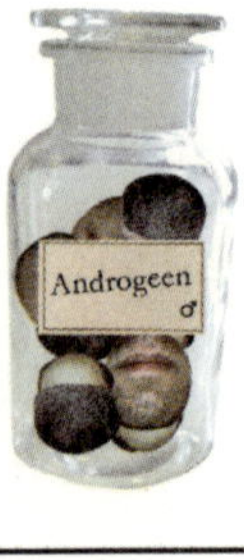

ANDROGEN

Androgen ist ein Oberbegriff für männliche Sexualhormone. Das bekannteste Androgen ist Testosteron.

OXYTOCINE

Oder auch: das Kuschelhormon. Es wird sowohl bei Männern als auch bei Frauen beim Kuscheln und Anfassen freigesetzt. Es wird assoziiert mit Gefühlen wie Vertrauen und Großzügigkeit.

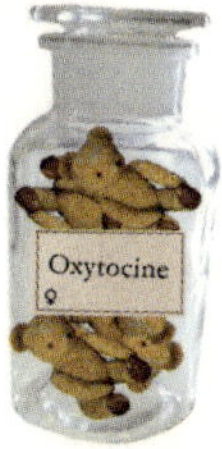

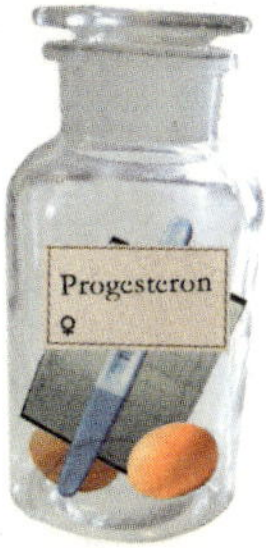

PROGESTERON

Progesteron spielt bei der Befruchtung, beim monatlichen Zyklus und bei der sexuellen Lust eine wichtige Rolle. Eine hohe Progesteron-Konzentration wird mit dem prämenstruellen Syndrom in Verbindung gebracht, das viele Väter bereits kennen oder noch kennenlernen werden.

TESTOSTERON

Testosteron fördert das Muskelwachstum. Man verbindet damit Aggressivität, aber Wissenschaftler diskutieren noch darüber, ob die Produktion von Testosteron eine Ursache oder eine Folge von Aggressionen ist.

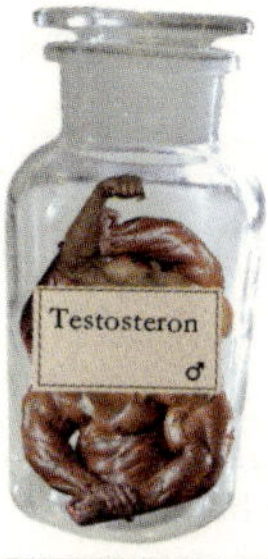

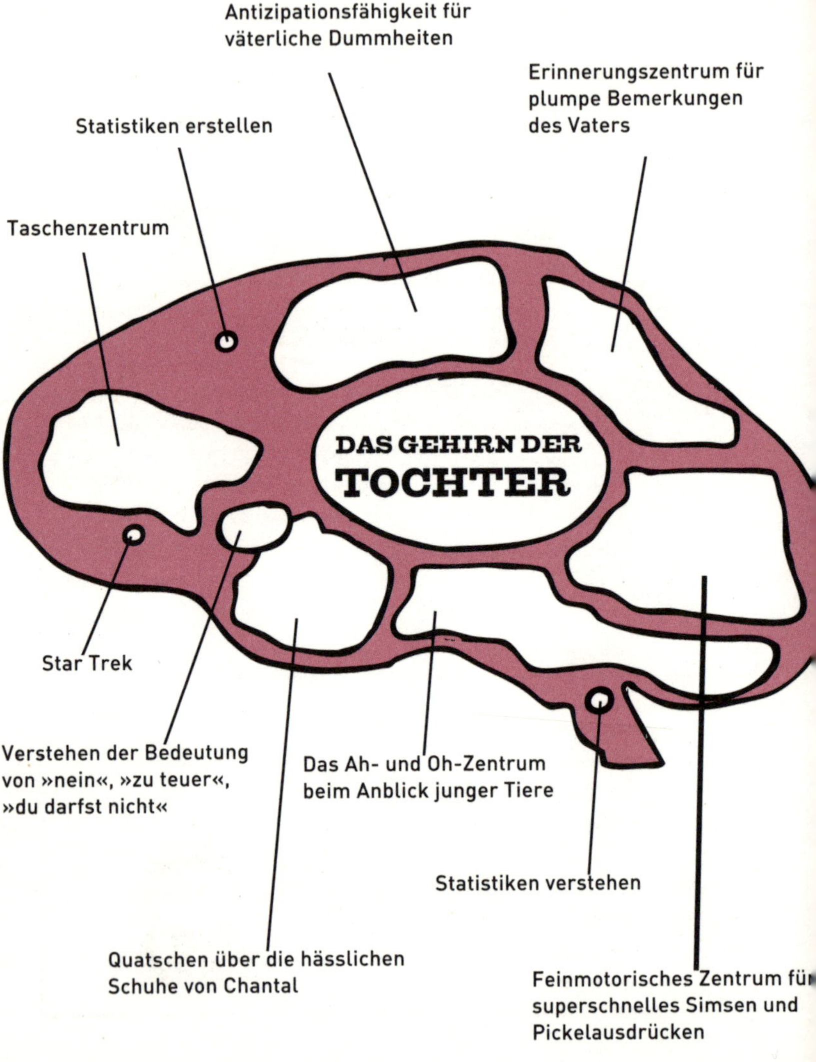
Antizipationsfähigkeit für väterliche Dummheiten
Erinnerungszentrum für plumpe Bemerkungen des Vaters
Statistiken erstellen
Taschenzentrum
DAS GEHIRN DER TOCHTER
Star Trek
Verstehen der Bedeutung von »nein«, »zu teuer«, »du darfst nicht«
Das Ah- und Oh-Zentrum beim Anblick junger Tiere
Statistiken verstehen
Quatschen über die hässlichen Schuhe von Chantal
Feinmotorisches Zentrum für superschnelles Simsen und Pickelausdrücken

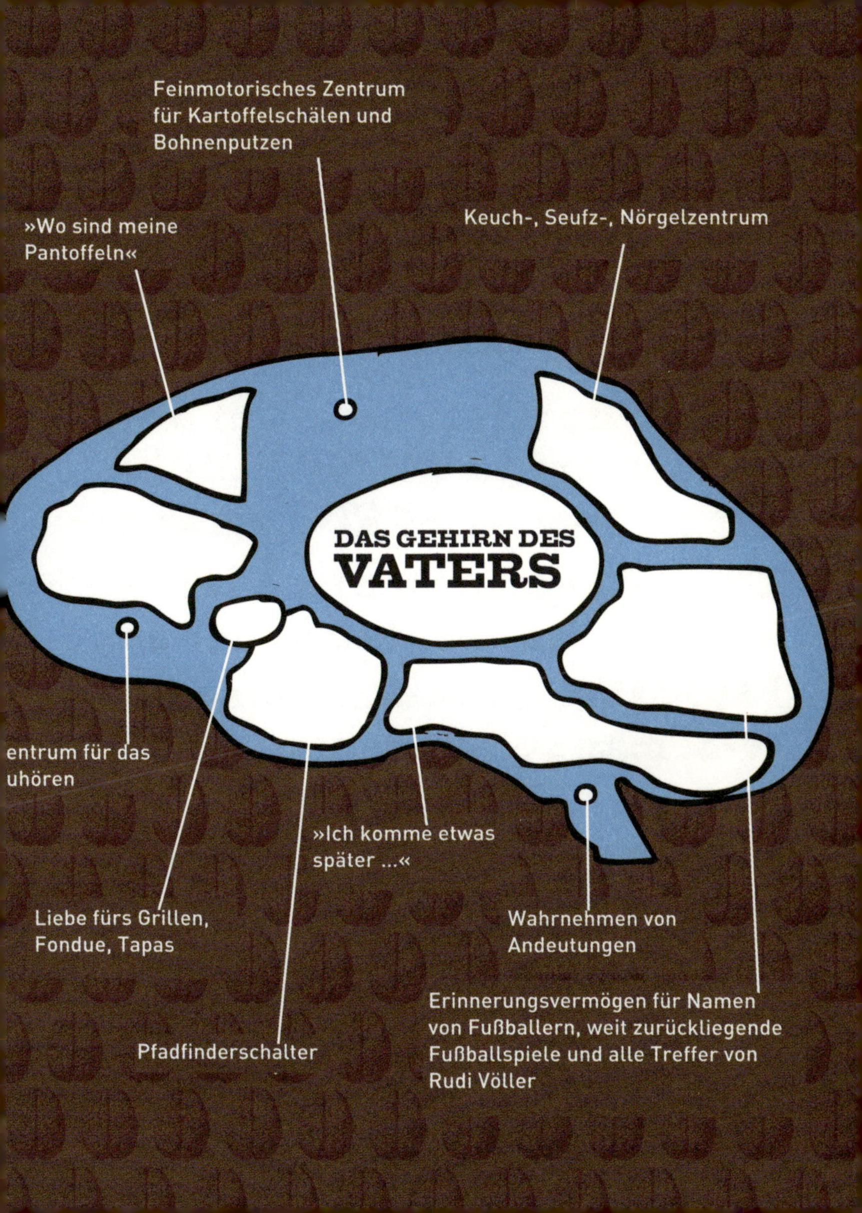
Feinmotorisches Zentrum für Kartoffelschälen und Bohnenputzen
»Wo sind meine Pantoffeln«
Keuch-, Seufz-, Nörgelzentrum
DAS GEHIRN DES VATERS
entrum für das uhören
»Ich komme etwas später ...«
Liebe fürs Grillen, Fondue, Tapas
Wahrnehmen von Andeutungen
Erinnerungsvermögen für Namen von Fußballern, weit zurückliegende Fußballspiele und alle Treffer von Rudi Völler
Pfadfinderschalter

Was ist ein ... MESSENGER

Dabei handelt sich um eine andere Art zu CHATTEN ... MSN und Skype sind CHAT-Programme. Dort kann man mit Leuten chatten,die ebenfalls über das PROGRAMM ANGEMELDET sind. Weil man sehen kann, wer der andere ist, ist Vorsicht geboten. DEINE TOCHTER sollte ihre Adresse und ihre E-MAIL-ADRESSE NICHT an einen unbekannten CHATTER weitergeben.

LÄSTERN

Schon bevor sie richtig sprechen können, scheinen Mädchen viel zu erzählen zu haben. Dabei geht es um alles, was um sie herum passiert. Und das ist nicht ohne Grund so, denn das Tratschen ist wichtig. Es ist das menschliche Äquivalent zum Lausen bei den Primaten; es setzt Endorphine frei, wirkt stressmindernd und ist gut für das Immunsystem.

Wissenschaftler kommen immer häufiger zu der Erkenntnis, dass es sich beim Lästern um eine essenzielle menschliche Eigenschaft handelt. Einige sind sogar der Meinung, dass Menschen nur sprechen gelernt haben, um miteinander tratschen zu können. Da die Affenmenschen in immer größeren Gruppen zusammenlebten, war das Lausen zu zeitintensiv. Klatsch und Tratsch wurden die Alternative. Tratschen im Sinne von »über sozial interessante Fragen reden« ist nicht typisch weiblich, Männer tun dies vielleicht sogar noch öfter, allerdings ziehen sie oft über sich selbst her und wechseln das Thema, wenn Frauen in der Nähe sind. Männer sprechen nämlich gern über sich selbst. Mädchen reden öfter über andere: Freunde, Bekannte, aber auch über Berühmtheiten, Soapstars und andere öffentliche Personen. Wenn man einer Gruppe von Mädchen zuhört und einem die Namen kein Begriff sind, könnte man Paris Hilton oder Britney Spears für ihre Freundinnen halten. Entgegen gängiger Annahmen wird dabei nur wenig Zeit damit verbracht, negativ über andere zu reden.

Auch das unfreundliche Lästern ist aber sehr wichtig. Es hilft deiner Tochter, ein Band zu ihren Freundinnen zu knüpfen, sie erwirbt dabei soziale Kompetenz, erkennt gemeinsame Werte und verstärkt sie und lernt letztendlich sogar, Konflikte zu lösen.

Lass deine Tochter also ruhig Gossip-Sendungen und Soaps anschauen, dann kann sie bei ihren Freundinnen mitreden. Und schau auch selbst mal zu, dann weißt auch du Bescheid, und das ist gut für das Verhältnis zu deiner Tochter.

Paris Hilton
Attraktive Lebensphilosophie: Ich bin berühmt, weil ich berühmt bin. Schluckt wahrscheinlich Schmerzmittel und Antidepressiva.

Vorbilder

Britney Spears
Sängerin, die schon als Teenager zum Superstar wurde und wie andere Sternchen und Teeniestars durchgedreht ist (auch durch den Missbrauch von Schmerzmitteln und Antidepressiva).

Beyoncé
Sängerin mit Hits wie »Say my name«. Kann gut singen und schauspielern, ist hübsch und nett. Das klingt tatsächlich fast zu schön, um wahr zu sein. Sollten da etwa Schmerzmittel und Antidepressiva im Spiel sein?

Nicole Richie

Irgendwann mal Freundin von Paris und Stieftochter von Lionel Richie. Nimmt wahrscheinlich Schmerzmittel und Antidepressiva.

Tinkerbell

Chihuahua von Paris Hilton, wurde einmal entführt. Inzwischen eingetauscht gegen den noch süßeren Chihuahua Bambi und andere Mini-Hunde. Frisst heute wahrscheinlich Antidepressiva und Schmerzmittel.

Christina Aguilera

Sängerin. Es ist nicht bekannt, ob sie auch von irgendetwas abhängig ist (zum Beispiel von Schmerzmitteln und Antidepressiva).

Cameron Diaz

War einmal Fotomodell und ist jetzt eine bekannte Schauspielerin in Filmen wie »Drei Engel für Charlie«. Dreht jedes Jahr mindestens fünf Filme – wahrscheinlich mithilfe von Schmerzmitteln und Antidepressiva.

Was ist ein ...
AVATAR

Ein **AVATAR** ist eine **Anziehpuppe** im Internet. **Du kannst** sie als dein **Ebenbild** gestalten oder lässt sie so **aussehen**, wie du gern **aussehen** würdest. Auf Seiten wie **www.imvu.com** kann man seinen **AVATAR** nach der neuesten Mode einkleiden. Man kann sich sogar ein **Haustier** aussuchen.

Den Avatar, den man entworfen hat, kann man sich auf den eigenen **COMPUTER** downloaden, um sich damit beispielsweise in sozialen **NETZWERKEN** wie **FACEBOOK** zu präsentieren.

1 Daddy's Little Girl - Al Martino

2 I Loved Her First - Heartland

3 Wild World – Cat Stevens

4 Butterfly Kisses – Bob Carlisle

5 Isn't She Lovely – Stevie Wonder

10 VATER-TOCHTER-SONGS

LIEDER, DIE DICH VOR RÜHRUNG WEINEN LASSEN

6 Father and Daughter – Paul Simon

7 Daddy's Hands – Holly Dunn

8 Just the Way You Are – Billy Joel

9 Lullaby – Billy Joel

10 My Girl - Temptations

4 DER ALLTÄGLICHE WAHNSINN

STATISTIK

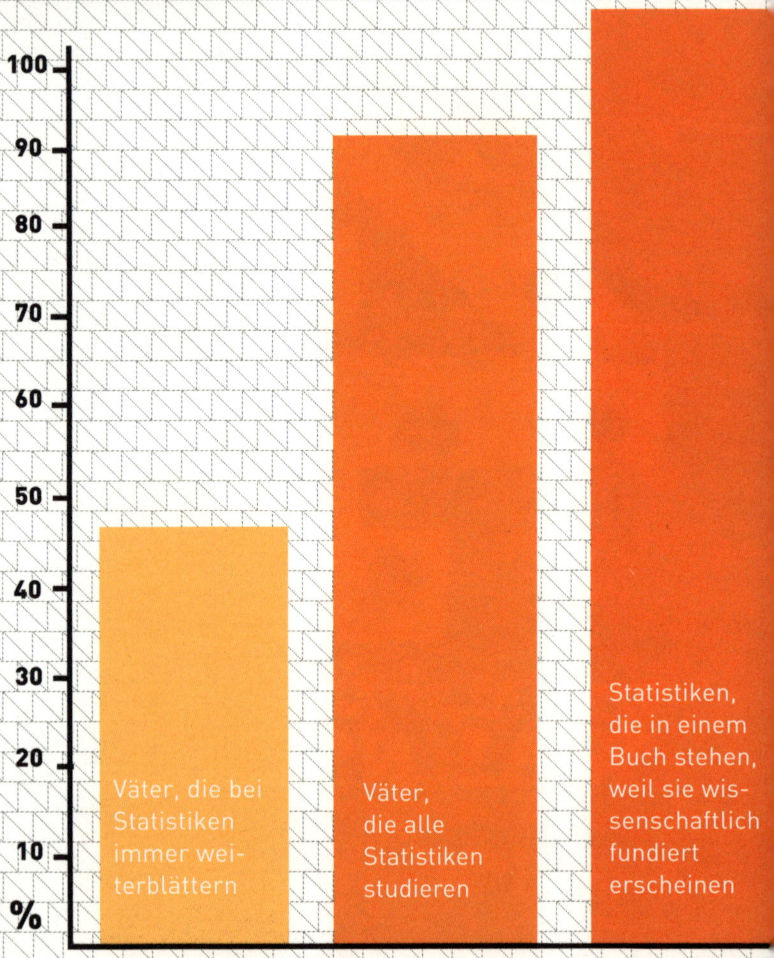

100
90
80
70
60
50
40
30
20
10
%
Väter, die bei Statistiken immer weiterblättern
Väter, die alle Statistiken studieren
Statistiken, die in einem Buch stehen, weil sie wissenschaftlich fundiert erscheinen

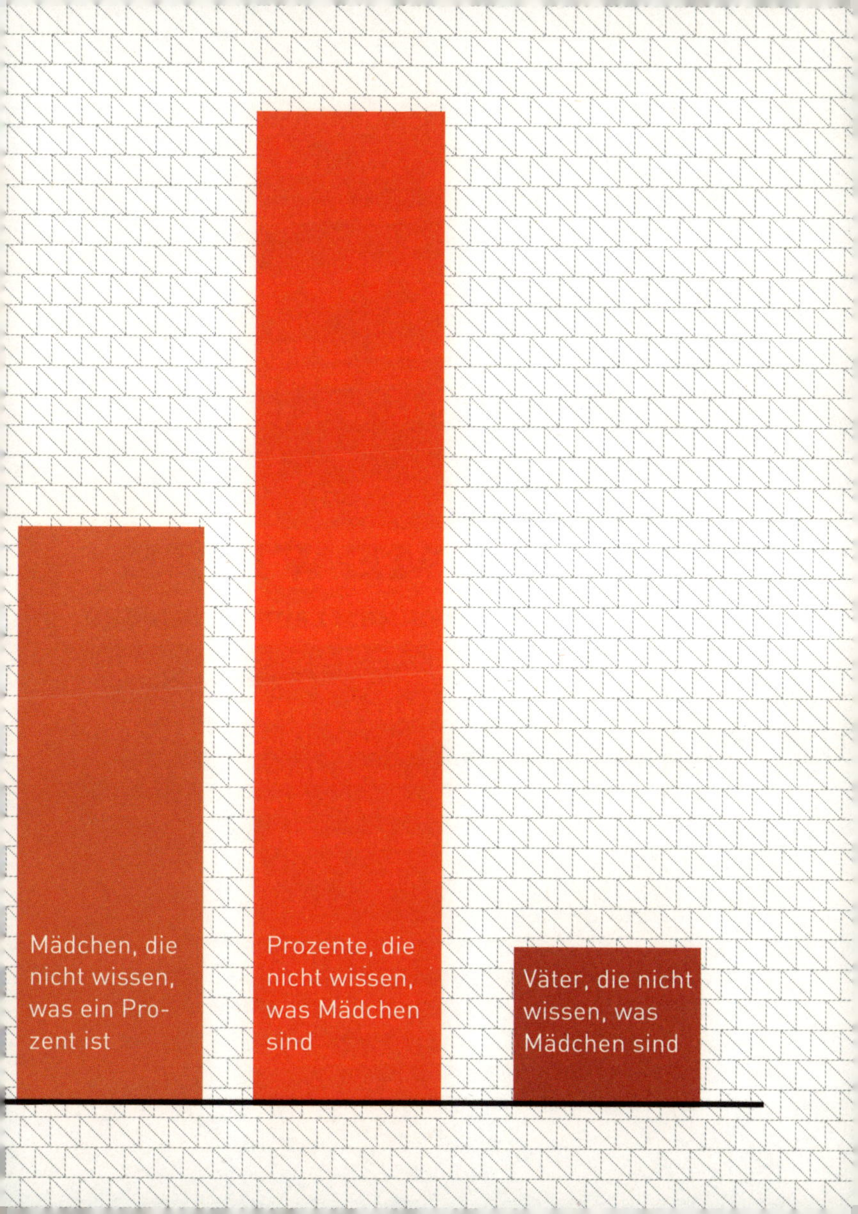
Mädchen, die nicht wissen, was ein Prozent ist
Prozente, die nicht wissen, was Mädchen sind
Väter, die nicht wissen, was Mädchen sind

Was ist schwarz, sitzt auf dem Baum und ist gefährlich?
Eine Krähe mit einem Maschinengewehr.

Was ist grün und läuft durch die Wüste?
Ein Erbsmännchen.

Sitzen zwei Eier beim Picknick, kommt ein U-Boot vorbei. Fragt ein Ei das U-Boot, ob es Lust hat, mit ihnen zu essen. Sagt das Unterseeboot: Keine Zeit, muss zum Friseur.

TOP 5 DUMME WITZE

WITZE, DIE DEINE TOCHTER ZUM LACHEN BRINGEN

Sitzen zwei Pferde im Baum und stricken. Fliegt ein Kühlschrank vorbei. Die Pferde schauen auf und stricken dann weiter. Kurz darauf fliegt wieder ein Kühlschrank vorbei. Sagt das eine Pferd zum anderen: Muss wohl irgendwo ein Nest sein.

Fritzchen hat keine Hände und möchte einen Keks. »Mama, krieg ich einen Keks?« »Ja klar, Fritzchen, nimm dir einen aus der Dose.« Fritzchen schafft es natürlich nicht, die Dose zu packen, denn er hat ja keine Hände. »Mama, ich schaff das nicht.« »Tja Fritzchen, keine Hände, kein Kekse.«

LACH ODER ICH SCHIESSE

Zusammen zu lachen, ist wichtig. Früher konntest du so tun, als würdest du gegen einen Laternenpfahl laufen oder in einem gläsernen Kasten sitzen. Wenn deine Tochter älter wird, musst du dich etwas mehr anstrengen. Untersuchungen besagen, dass Frauen kritischer sind und besonders unrealistische Witze mögen, während Männer eher über ... na ja ... eigentlich alles lachen.

LACH

ODER ICH SPUCKE

Mädchen lachen über andere Dinge als Jungen. Und auch du und deine Tochter werden wahrscheinlich nicht die gleiche Art von Humor haben. Aus Untersuchungen weiß man nämlich, dass Mädchen unrealistische Späße und Wortwitze lieben, während Männer häufiger über blöde Witze lachen.

Forscher der Stanford Universität untersuchten 2005 den Unterschied zwischen dem Humor von Männern und dem von Frauen. Zehn Männer und zehn Frauen wurden in einen Kernspintomografen gelegt und es wurden ihnen Cartoons gezeigt. Auf einem Bildschirm konnten die Wissenschaftler verfolgen, welche Hirnregionen aktiv wurden. Auf den ersten Blick gab es kaum Unterschiede. Bei Männern und Frauen leuchteten überwiegend die gleichen Hirnregionen auf: die mit einer semantischen Funktion (Sprachgefühl) und die Gebiete, die Gegensätze analysieren. Doch es gab auch Unterschiede. So leuchtete bei den Frauen das Sprachzentrum im Frontallappen heller auf. Die Frauen achteten bewusster auf die Bedeutung der Worte. Dies stimmte mit früheren Untersuchungen überein, denen zufolge Mädchen mehr auf Sprachwitz stehen als Jungen. Auch mit unrealistischen Witzen ist man bei Mädchen an der richtigen Adresse. Witze, in denen jemand schlecht gemacht wird (Ostfriesen, Blondinen), oder Witze über Sex gefallen eher den Vätern.

Größere Zufriedenheit

Die Untersuchung an der Stanford Universität zeigte noch einen weiteren Unterschied im mesolimbischen Kreislauf, einer Hirnregion, die mit Bestrafung und Belohnung zusammenhängt. Von dort kommt das Gefühl, versagt zu haben, wenn etwas schiefgeht, aber auch das euphorische Gefühl, wenn etwas gut klappt. Es ist die Gehirnregion, die beim Essen von Schokolade aufleuchtet. Bei Frauen waren hier große Aktivitätsunterschiede zu erkennen, je nachdem, ob ihnen der Cartoon gefiel oder nicht. Bei Männern war dies weniger stark ausgeprägt. Ihnen gefielen alle Witze.
Es schien so, als ob sie sich schon vorab freuten: »Super, ein Cartoon!« Frauen reagierten differenzierter, doch wenn ihnen der Witz gefiel, war die Zufriedenheit größer.

Work Shop

Namen merken

Seien wir mal ehrlich. Die meisten Mädchen heißen nicht Pterodactylus, Drosophilus oder Apatosaurus – Namen, die du dir merken kannst. Was aber ist so schwierig an Namen wie Lara, Lisa oder Jasmin?

TIPP 1 Du musst es wirklich wollen ...

Die wichtigste Voraussetzung, um einen Namen zu behalten, ist, dass du ihn dir wirklich merken willst. Eigentlich selbstverständlich. Wenn dir der Name piepegal ist, dann versuche, ihn für dich interessant zu machen. Stell dir zum Beispiel vor, du bist ein Geheimagent und die Namen sind wichtige Codeworte.

TIPP 2 Gib nicht auf!

Du darfst nicht verzweifeln, auch wenn sich dir alle Mädchen mit blonden Pferdeschwänzen gleichzeitig vorstellen. Gib nicht gleich auf, weil du dir all die Namen sowieso nicht merken kannst, denn sonst hörst du nur halb zu und gibst dir gar keine Mühe, dir die Namen zu merken. Glaub an dich!

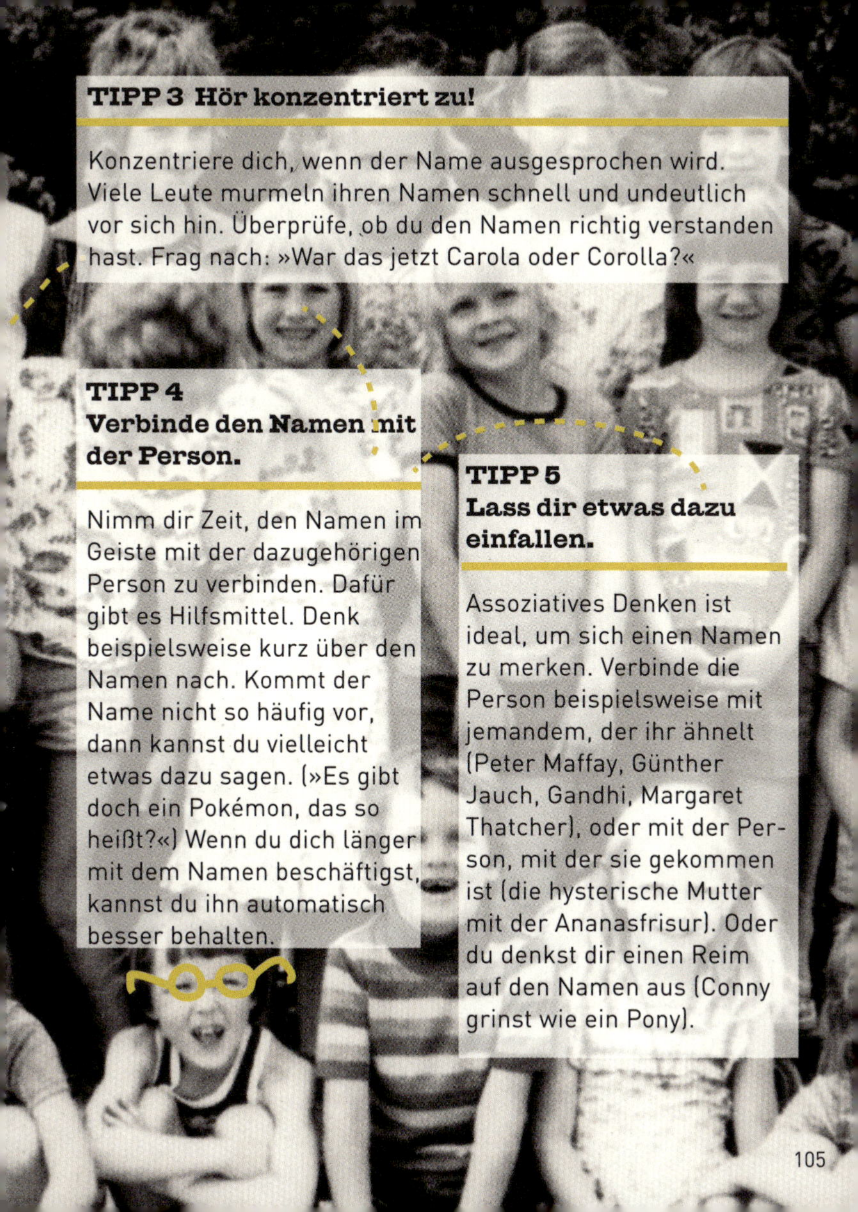

TIPP 3 Hör konzentriert zu!

Konzentriere dich, wenn der Name ausgesprochen wird. Viele Leute murmeln ihren Namen schnell und undeutlich vor sich hin. Überprüfe, ob du den Namen richtig verstanden hast. Frag nach: »War das jetzt Carola oder Corolla?«

TIPP 4 Verbinde den Namen mit der Person.

Nimm dir Zeit, den Namen im Geiste mit der dazugehörigen Person zu verbinden. Dafür gibt es Hilfsmittel. Denk beispielsweise kurz über den Namen nach. Kommt der Name nicht so häufig vor, dann kannst du vielleicht etwas dazu sagen. (»Es gibt doch ein Pokémon, das so heißt?«) Wenn du dich länger mit dem Namen beschäftigst, kannst du ihn automatisch besser behalten.

TIPP 5 Lass dir etwas dazu einfallen.

Assoziatives Denken ist ideal, um sich einen Namen zu merken. Verbinde die Person beispielsweise mit jemandem, der ihr ähnelt (Peter Maffay, Günther Jauch, Gandhi, Margaret Thatcher), oder mit der Person, mit der sie gekommen ist (die hysterische Mutter mit der Ananasfrisur). Oder du denkst dir einen Reim auf den Namen aus (Conny grinst wie ein Pony).

DAS DING

Ist es ein Junge oder ein Mädchen? Das ist die erste Frage direkt nach der Geburt. Ist da was zwischen den Beinchen oder nicht? Für das kleine Würmchen der Jungen gibt es viele unschuldige Namen. Pimmelchen und Pipimann passen perfekt. Doch wie nennt man das kleine Ding bei einem Mädchen?

Mumu
Knospe
Döschen
Muschi
Schnecke
Lulu
Pipi

BLUMEN und BIENEN

Eines Tages wird sie dich fragen:
WIE WERDEN KINDER GEMACHT?

Mögliche Antworten:

- Frag deine Mutter.
- Kinder werden vom Storch gebracht.
- Kinder wachsen aus dem Grünkohl.
- Kinder pflückt man am Geburtsbaum.
- Kinder macht man aus Ton.
- Kinder findet man unter einem Stein.

Wenn du nicht gern lügst, besteht immer noch die Möglichkeit, eine unverständliche, aber wahre Geschichte zu erzählen.

Folgende Wörter könnten dabei von Nutzen sein:

Bienchen
Blümchen
sich lieb haben
Schmusen
Penis
Scheide
Kuscheln
Knutschen

SHOP
till you drop

So wie bei Versuchsratten der Dopaminspiegel steigt, wenn sie einen Käfig mit neuem Spielzeug betreten, blühen Mädchen auf, wenn ihr Lieblingsgeschäft ein neues Sortiment im Angebot hat. Entspann dich und versuche loszulassen wie Maharishi Yoghi. Und zeige deine Liebe. Es hat wirklich keinen Sinn, Dinge zu sagen wie: »Noch mehr Klamotten? Dein Schrank ist doch schon voll!« Wenn deine Tochter dir begeistert ihre Einkäufe präsentiert, gib dich interessiert. Lass sie spüren, dass du findest, dass sie Geschmack hat. Ihr gefallen eben Glitzer und Perlen, auch das ist Geschmack.

ZUHÖREN

Work Shop

Dass du nicht immer besonders gut zuhörst, bedeutet nicht, dass du kein Interesse hast. Das weiß jeder Mann. Leider wird es aber oft falsch verstanden, zumindest von Mädchen und Frauen. Mehr noch: Sie fühlen sich dann abgewiesen und unbeachtet. Da bleibt dir nur, deine Fähigkeit zum Zuhören zu verbessern, zu üben, zu üben und zu üben. Und wenn du keine Lust mehr hast zu üben? Noch mehr üben.

TIPP 1 **Sieh den anderen an!**

Auch wenn du überhaupt keine Ahnung hast, worum es gerade geht, signalisierst du, wenn du deine Tochter während ihrer Erzählung die ganze Zeit ansiehst, Interesse für ihre Geschichte. Nimm also die Zeitung runter und leg sie neben dich.

TIPP 2

Gib nonverbales Feedback.

Durch nonverbales Feedback vermittelst du den Eindruck, dass du der Geschichte nicht nur zuhörst, sondern auch verstehst, was man sagt.

Regelmäßiges Nicken oder Kopfschütteln, »Hhmmm«- oder »Ja, ja«-Sagen, all das ist gut. So auch die Aufforderung weiterzureden, indem du ab und zu ein Wort wiederholst. Das ist übrigens auch ein guter Weg, das Gespräch zu steuern.

Wenn deine Tochter sagt: »Und dann hat Sarah gemeint: ›Dein Vater hört doch nie zu‹«, dann könnte deine Reaktion sein: »Aha, Sarah.« Damit ermutigst du deine Tochter, mehr über Sarah zu erzählen. Wenn du sagst: »Aha, ich höre also nicht zu«, dann kannst du sicher sein, dass sie eher auf die Tatsache eingehen wird, warum Sarah meint, dass du nie zuhörst.

TIPP 3
Nimm die Position eines Zuhörers ein.

Lehne dich etwas nach vorn in Richtung deiner sprechenden Tochter. Achte auch auf deine Füße: Sie müssen zu deiner Tochter zeigen. Zeigen sie in eine andere Richtung, kann dies als Desinteresse gedeutet werden.

TIPP 4
Zeig, was du denkst.

Deine Körpersprache ist wichtig. Lehnst du dich mit verschränkten Armen nach hinten, signalisierst du, dass du skeptisch bist. Veränderst du plötzlich die Haltung, zeigt dies, dass du nicht mit ihr übereinstimmst. Wenn du die gleiche Haltung einnimmst wie sie (spiegeln), dann wird sie dies als Zeichen dafür auffassen, dass du ihr zustimmst.

TIPP 5 **Nutze deine Mimik.**

Die Muskeln in deinem Gesicht können dir beim Steuern des Gesprächsverlaufs helfen. Mit einer gerunzelten Stirn zeigst du, dass du kritisch oder überrascht bist. So lädst du deine Tochter ein, ihre Geschichte deutlicher auszuführen. Lächeln ist in neun von zehn Fällen richtig. Achte dabei aber auf dein Timing. Lächelst du, wenn dir deine Tochter erzählt, dass ihre Beziehung zu Ende ist, war das definitiv der falsche Zeitpunkt.

TIPP 6 **Setze deine Hände ein.**

Wenn du während der Erzählung deiner Tochter mit deinem Ring (oder etwas anderem) spielst, wirkt das, als würdest du dich langweilen. Eine eindrucksvolle Ich-hör-ganz-genau-zu-Haltung ist: Daumen unter das Kinn und Zeigefinger an die Backe. Verschränkst du die Hände im Nacken, heißt das, du fühlst dich überlegen. Verschränkst du deine Arme, signalisiert das, dass du anderer Auffassung bist als die Sprechende.

SCHMERZ und TROST

Ein Mädchen wird seinen Schmerz weniger schnell herunterschlucken als ein Junge. Dies hat teilweise kulturelle Gründe. Mädchen müssen nicht so stark sein wie Jungen. Aber die Unterschiede gehen noch tiefer.

2003 veröffentlichten Forscher der amerikanischen UCLA eine Untersuchung zur Schmerzwahrnehmung. Sie fügten 26 weiblichen und 24 männlichen Testpersonen Schmerz zu, während sie gleichzeitig die Gehirnaktivität beobachteten. Obwohl es weitgehende Übereinstimmungen zwischen den männlichen und weiblichen Testpersonen gab, zeigten die Scans der Frauen mehr Aktivität im limbischen System, das mit Emotionen in Verbindung gebracht wird. Die männlichen Gehirne offenbarten indessen mehr Aktivität in den kognitiven Regionen des Gehirns.

Dies stimmt mit den Erfahrungen von Ärzten überein, dass Männer besser erläutern können, wo sie Schmerzen empfinden. Frauen hingegen fangen an zu erzählen, was passiert ist und welchen Einfluss der Schmerz auf ihr Befinden hat. Schmerz ist für Frauen emotionaler.

Das gilt wahrscheinlich auch für deine Tochter. Du solltest dies also berücksichtigen. Wenn sie hingefallen ist, will sie erzählen, was passiert ist. Komm also nicht gleich mit einer Lösung (einem Pflaster), sondern lass sie spüren, dass du hörst und verstehst, was deine Tochter sagt. Oft ist das der beste Trost.

KOMPLIMENTE

Wenige Dinge funktionieren so gut wie Komplimente. Es ist immer schön, Komplimente zu machen, und sie werden stets gern angenommen.
Das Problem ist, dass ein Kompliment spontan und von Herzen kommen muss. Geplante Komplimente klingen falsch. Die Kunst ist es also, sich sofort begeistert zu zeigen, wenn deine Tochter dich angenehm überrascht. Das ist für Väter nicht immer einfach, aber bemüh dich. Ein Mädchen kann nämlich nie genug Komplimente kriegen.

MEINE DEIN KOMPLIMENT EHRLICH
Nicht so gut: »Wenn du weiter so hart arbeitest, wirst du mal genauso schlau wie Papa.«
Besser: »Du arbeitest aber toll. Das würde ich nicht schaffen.«

Work Shop

SEI GENAU

Nicht so gut: »Ich finde, du kannst gut zeichnen.«
Besser: »Wie detailliert du die Finger von dem Alien ge-airbrusht hast, toll.«

TIMING IST WICHTIG

Nicht so gut: »Vor zwei Jahren hast du mal was wirklich Interessantes gesagt.«
Besser: »Das ist echt interessant, was du da erzählst.«

SEI AUFRICHTIG

Nicht so gut: »Wie schön, dass du alles rosa machst.«
Besser: »Super, dass du den Flaschenöffner gefunden hast.«

NEIN
sagen

Nein sagen ist schwer.

Ganz sicher dann, wenn du in die großen blauen, braunen oder grünen Augen deiner Tochter schaust. Aber ab und zu ist es einfach wichtig. Nicht zuletzt, um zu zeigen, dass du auch **NEIN** sagen kannst. Wenn du gelegentlich ganz vernünftig und in Ruhe, aber streng und entschlossen etwas verbietest, zeigst du deiner Tochter, wie man so etwas macht. So lernt auch sie, im richtigen Moment **NEIN** zu sagen.

PRAKTISCHE BEISPIELE

Darf ich fernsehen?
NEIN.
Ach komm ...
NEIN.
Nur kurz, nur die Folge von ...
NEIN.

Krieg ich was Süßes?
NEIN.
Ich will was Süßes.
NEIN.
Bei Mama darf ich immer.
NEIN.
Du isst auch ständig Süßigkeiten.
NEIN, du kriegst nichts Süßes.
Warum darfst du dann immer
Süßes essen?
NEIN, du darfst nicht naschen.
Auch nicht was ganz Kleines?
NEIN.

Hey Papa, auch einen Zug?
NEIN.
Das ist echt gutes Zeug!
NEIN.
Ach komm, nimm einen Zug.
NEIN.

Das wär ja noch schöner.

Pustekuchen.

Nicht ums Verrecken.

Nicht für alles Geld der Welt.

Mit allen Chinesen, aber nicht mit diesem.

Auf keinen Fall.

Gott behüte!

Ich hatte es in der Nase

Ja, morgen!

Und wenn du auf die Palme gehst.

BIST DU VERRÜCKT?

Vergiss es einfach.

Nee,

BIST DU MIT DEM KLAMMERBEUTEL GEPUDERT?

Geht nicht, auch wenn du mir aufs Dach steigst.

Ich denk nicht dran.

Nie und nimmer.

Du kannst mir den Buckel nterrutschen.

WILLST DU MICH VERÄPPELN?

no

Aber nie!

nee;

Geh dahin, wo der Pfeffer wächst.

Echt nicht.

27 Arten NEIN zu sagen

Fehlanzeige.

nee

Bist du bescheuert?

Das hast du dir so gedacht.

Kommt nicht infrage.

Sei doch mal vernünftig.

Na, was glaubst du?

Mädchen können supernett sein, sie können aber auch furchtbar gemein sein. Und damit ist nicht Kneifen, Beißen, Kratzen und An-den-Haaren-Ziehen gemeint. Einige Mädchen zeichnen sich durch besonders unangenehme Arten manipulativen Verhaltens aus: Sie verbreiten Gerüchte, gehen demonstrativ in eine andere Richtung, drehen einem den Rücken zu oder drohen: »Wenn du mit Tanja spielst, darfst du nicht zu meinem Geburtstag kommen.«

Gemeine Mädchen

Professor Craig Hart und Clyde Robinson von der amerikanischen Brigham Young University fanden in einer großen Studie mit 642 amerikanischen, chinesischen und russischen Kindern heraus, dass diese Art »partnerschaftlicher Aggression« bei Mädchen schon im Alter von drei Jahren auftritt. In einer Gruppe von Kindern stechen die gemeinen Mädchen (die »Bienenköniginnen«) meist hervor. Etwa eines von fünf Mädchen ist so ein gemeiner Plagegeist. Es ist interessant, dass diese Mädchen nicht einhellig gehasst werden, sie sind bei einigen sehr beliebt, bei anderen äußerst unbeliebt.

Außerdem fanden Hart und Robinson einen Zusammenhang zwischen den Erziehenden und dem sozial aggressiven Verhalten der kleinen Biester. Die Eltern gemeiner Mädchen setzten auch psychologische Tricks wie Liebesentzug ein oder sie machten dem Kind Schuldgefühle mit Sätzen wie »Du machst Papa ganz traurig«. Kinder mit Eltern, die Dinge sagen wie »Wie würdest du dich fühlen, wenn das jemand mit dir macht?« oder »Wie würdest du es finden, wenn ich mit dir schimpfen würde?«, scheinen weniger gemein und manipulativ zu sein.

BUH!

Miteinander spielen

STATISTIK

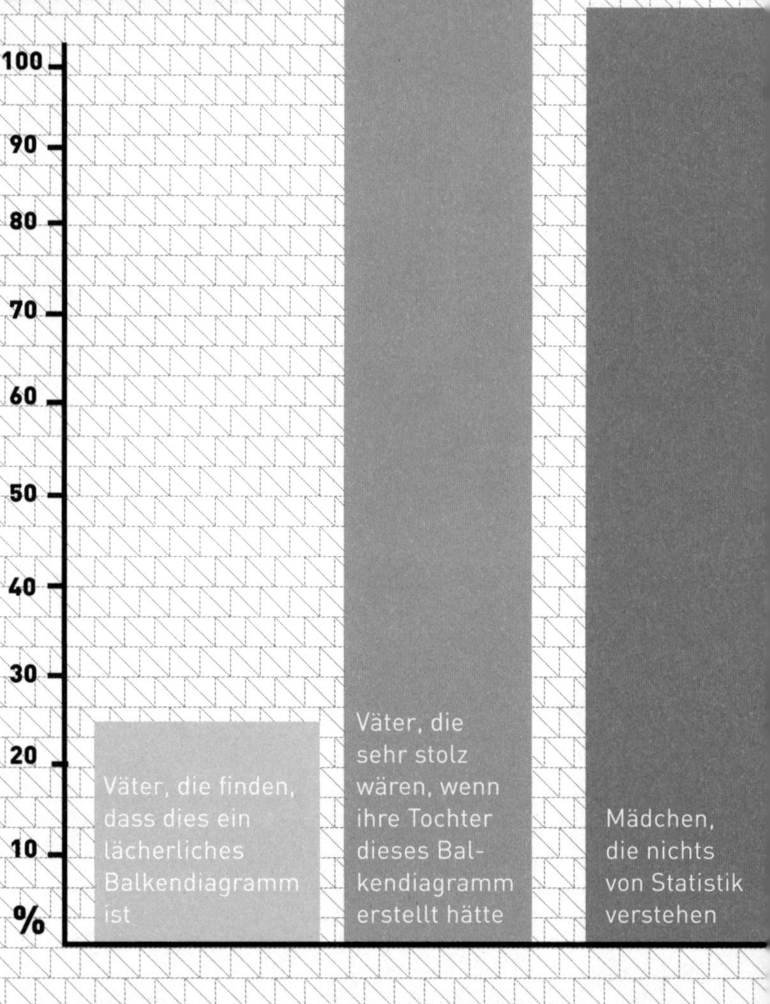
100
90
80
70
60
50
40
30
20
10
%
Väter, die finden, dass dies ein lächerliches Balkendiagramm ist
Väter, die sehr stolz wären, wenn ihre Tochter dieses Balkendiagramm erstellt hätte
Mädchen, die nichts von Statistik verstehen

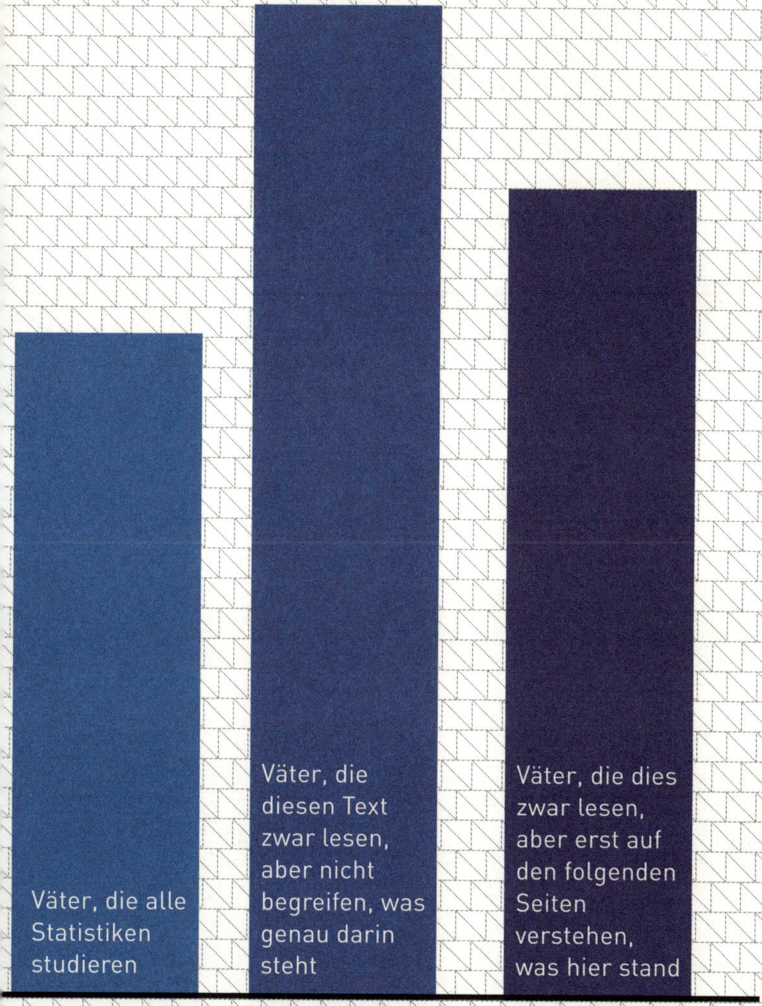
Väter, die alle Statistiken studieren
Väter, die diesen Text zwar lesen, aber nicht begreifen, was genau darin steht
Väter, die dies zwar lesen, aber erst auf den folgenden Seiten verstehen, was hier stand

VERKLEIDEN

Es gibt wenige Dinge, die Mädchen mehr Spaß machen, als einer Puppe neue Kleider anzuziehen. Eigentlich wollen Mädchen allem etwas anziehen – Hunden, Katzen, Bäumen und Pflanzen. Im Internet gibt es Dutzende Seiten, auf denen Mädchen ihre Vorliebe ausleben können. Am schönsten ist es aber natürlich, sich selbst zu verkleiden – als Prinzessin, Mode-Ikone, schicker Tennisstar, Wahrsagerin, Schmetterling, Elfe – eben als Mädchen.

MY DADDY AND ME TEAPARTY

Tee zu trinken, heißt für Mädchen nicht nur, heißes Wasser zu trinken, in dem ein paar Blättchen schwimmen. Tee zu trinken, ist ein Ritual. Ein Moment der Besinnung. Ob sie nun mit einer Tasse Tee in einer Ecke mit Kissen herumliegt oder mit einem abgespreizten kleinen Finger steif am Tisch sitzt, mit anderen Teefreunden Tee zu trinken, ist einfach toll. Man kann dabei herrlich quatschen und tratschen – mit Freundinnen, der Mutter, der Oma und manchmal ... sehr selten ... sehr, sehr selten ... auch mit dem Vater. Beste Zeit: mittags, wenn es draußen regnet.

NOTWENDIGE ZUTATEN:
Ein Sonnenhut für dich und für sie. Strohhüte. Halsketten. Chinesisches Porzellan. Herzförmige Muffins. Sandwich mit Erdnussbutter in Form einer Blüte. Teekanne mit Limonade. Eis. Teddybären. Blumen.

WAS IST … Mein Kleines PONY

1

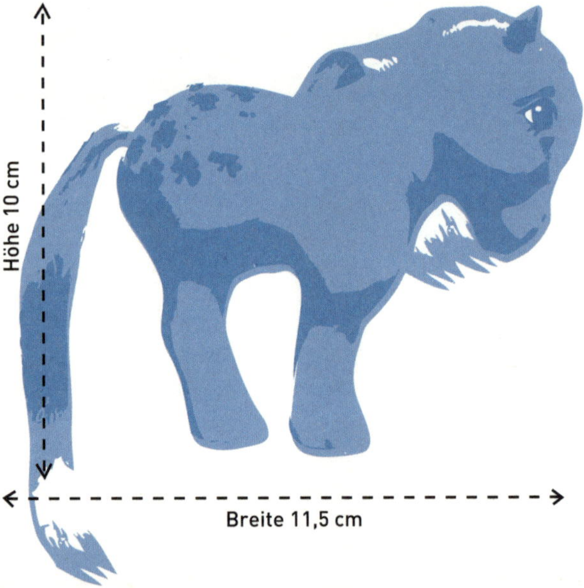

1 Mein Kleines Pony – die bezaubernden Ponys in ihrer Märchenwelt sind die besten Freunde aller Mädchen. Jedes Pony hat sein eigenes Zubehör und seinen eigenen Charakter.
2 Für Mädchen 3 Pony nach links schauend 4 Pony nach rechts schauend 5 Pony nach oben schauend 6 Totes Pony

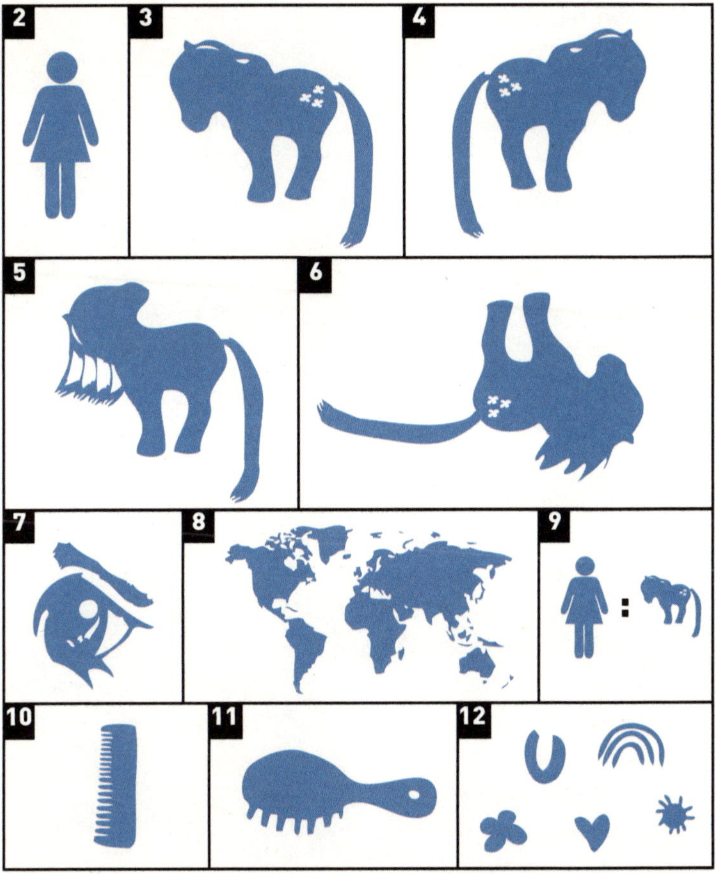

7 Bettelnde Augen 8 Weltweit fünf Milliarden Ponys 9 Fast so viele Ponys wie Mädchen 10 Ponykamm 11 Ponybürste 12 Verschiedene niedliche Pony-Tattoos (zum Beispiel in Herz-, Blüten- und Sonnenform)

Mädchen sind echte Freaks. Durch das Mädchenparadies galoppieren kleine violette Ponys und weiße Einhörner mit flatternden Mähnen und ein bisschen Durst. Und überall fliegen Elfen mit Schmetterlingsflügeln herum.

PUPPEN und/oder AUTOS

Ein großer rosafarbener Tisch ist übersät mit Flaschen mit Ponymilch und Bechern mit Limonadentee. In rosafarbenen Kinderwagen liegen Puppen, die in die Hose machen können. Warum lieben viele Mädchen diesen kitschigen Kram? Und warum gibt es Mädchen, die das alles überhaupt nicht mögen?

Cornelieke van de Beek promovierte 2005 mit einer Untersuchung über den Einfluss pränatalen Testosterons in der Gebärmutter auf das Spielverhalten kleiner Kinder.

Wie verlief die Untersuchung?

»Wir haben Mütter, die während der Schwangerschaft eine Fruchtwasserpunktion machen ließen, gefragt, ob wir das Spielverhalten ihrer Kinder untersuchen dürfen. Wir saßen dann buchstäblich mit der Stoppuhr da und haben gemessen, wie lange Kinder mit Jungen- oder Mädchenspielzeug spielten. Die so gesammelten Daten konnten wir mit den Mengen an Testosteron vergleichen, die sich während der Fruchtwasserpunktion im Fruchtwasser befunden hatten.«

Und fanden Sie einen Zusammenhang?

»Bei Mädchen von zweieinhalb Jahren scheint es einen Zusammenhang zwischen dem Spielverhalten der Kinder und dem Testosterongehalt zu geben. Mädchen, bei denen man von einem hohen Testosteronspiegel im Fruchtwasser sprechen kann, spielten häufiger mit Jungenspielzeug.«

Kann dieses Spielverhalten nicht angelernt sein?

»Es gibt starke Hinweise darauf, dass das Spielverhalten angeboren ist. Es gibt eine bekannte Untersuchung der Forscherin Melissa Hines, die das Spielverhalten von kleinen Affen untersucht hat. Junge Affen erhielten die Wahl zwischen Jungen- und Mädchenspielzeug. Es zeigte sich, dass männliche Äffchen Jungenspielzeug bevorzugten, während weibliche Äffchen lieber mit Puppen spielten. Das kann unmöglich erlernt sein. Auch bei meiner Untersuchung konnte ich beobachten, dass Mädchen schon mit 13 Monaten gern mit Puppen spielten, in einem Alter, in dem noch keine Rollenspiele (Puppe ins Bett legen, Puppe aus dem Bett holen) stattfinden.«

Dass Mädchen mit Mädchenspielzeug spielen, ist also in der Natur begründet und nicht in der Erziehung?

»So eindeutig kann man das nicht sagen. Bis zu einem oder zwei Jahren stellten wir einen starken Zusammenhang zwischen Testosterongehalt und Spielverhalten fest, doch dieser verliert sich mit zunehmendem Alter der Kinder. Mehr und mehr scheinen dann kulturelle Einflüsse eine Rolle zu spielen, die Erziehung und der Kontakt mit Altersgenossen. Eltern passen sich dem Kind an und Kinder passen sich den Eltern an. Wie diese Dynamik funktioniert, ist schwer zu untersuchen. Hinzu kommt, dass das Ausmaß, in dem Kinder beeinflussbar sind, möglicherweise auch von pränatalen Hormonen bestimmt wird.«

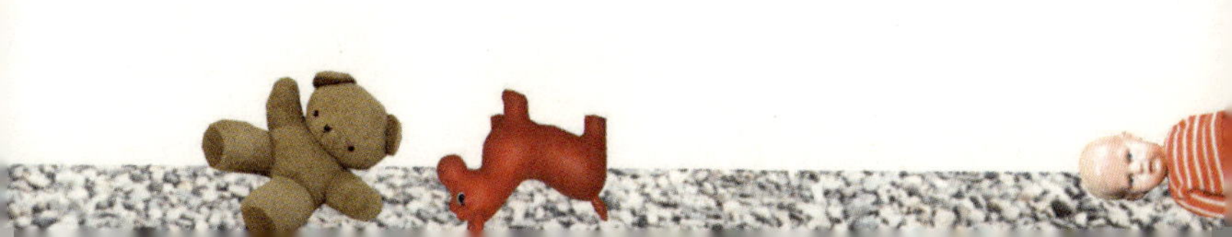

WER IST ... BARBIES MANN

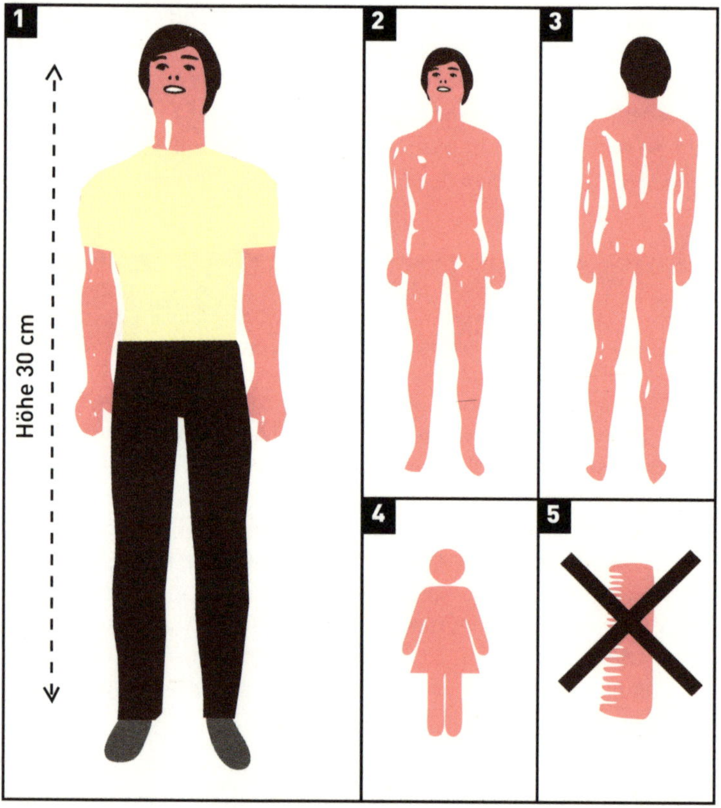

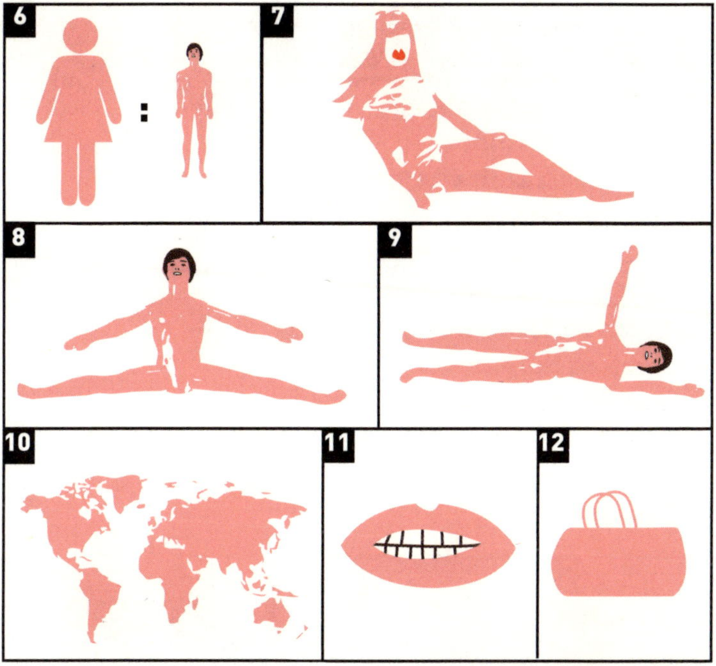

1 Ken, das ist der Freund von Barbie, der besten Freundin deiner Tochter. 2 Ken nackt, von vorn 3 Ken nackt, von hinten 4 Für Mädchen 5 Ein Kamm ist nicht nötig, denn seine Haare sind aus Plastik. 6 Es gibt genauso viele Ken-Puppen wie Mädchen. 7 Ken hat eine Spielzeugfreundin, die Barbie heißt. 8 Ken ist sehr sportlich. 9 Barbies Mann liegend 10 Weltweit gibt es viele Barbiemänner. 11 Ken verführt Barbie mit seinem unwiderstehlichen Lächeln. 12 Das wichtigste Accessoire von Ken ist seine Sporttasche.

PARFÜM

Parfüm kann man selbst herstellen, indem man Duftstoffe in kosmetischem Haarwasser auflöst, das beinahe reiner Alkohol ist. Du solltest also ein bisschen aufpassen, wenn du mit einem kleinen Mädchen Parfüm mischst. Parfüm ist keine Limonade.

PARFÜMREZEPT

Du kannst Parfüm herstellen, indem du fünf Milliliter Haarwasser mit 15 bis zwanzig Tropfen eines der folgenden Öle mischst. Gute Kombinationen sind zum Beispiel:

- Orange/grüner Apfel
- Ylang Ylang/Vanille
- Schokolade/Erdbeere
- Schokolade/Birne
- Mandarine/Birne
- Vanille/Schokolade

Workshop

Zutaten kannst du zum Beispiel im Internet bestellen. Hier findest du auch weitere Ideen für Duftvarianten.

Wichtig ist, dass sich die verwendeten Öle für die kosmetische Verwendung eignen. Das Parfüm kannst du dann in einen Zerstäuber füllen.

Duftstoffe, die Mädchen von vier bis zwölf Jahren sicher mögen, sind zum Beispiel:

- Ätherisches Öl Apfelsine
- Ätherisches Öl Mandarine
- Ätherisches Öl Ylang Ylang
- Parfümöl Vanille
- Parfümöl grüner Apfel
- Parfümöl Erdbeere
- Parfümöl Schokolade
- Parfümöl Birne

PLASTISCHE PUPPENCHIRURGIE

Ganz im Geheimen finden es auch viele Väter toll, mit Puppen zu spielen. Es ist ja wirklich interessant zu sehen, wie sich ein Gesicht durch eine Frisur, Kleidung oder eine neue Nase verändern kann. Man braucht dazu nicht viel, ein paar Puppenkleider, gutes Werkzeug und Streichhölzer.

Schere

Schneide die Haare komplett ab und schon hat sich das Gesicht total verändert. Wo ist nur das hübsche Puppenmädchen geblieben? Darum finden Mädchen Haare eben so wichtig.

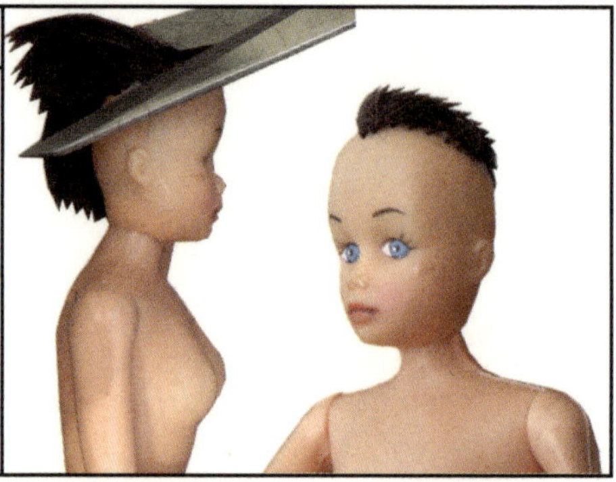

Hammer

Alle Mädchen wünschen sich eine kleine Nase, die ein wenig nach oben steht. Schlag das Gesicht nicht komplett platt, die Gegensätze machen den Reiz aus.

Mit harter Hand

Mädchen legen Wert auf schöne Wangenknochen. Warum? Drücke den Puppenkopf zusammen und es entsteht ein jeweils völlig anderes Gesicht.

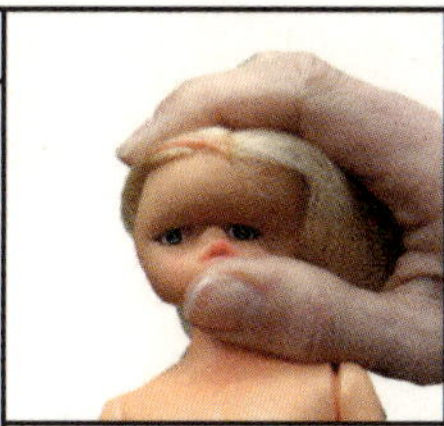

der Churchill-Look

der Gandhi-Look

Säge

Alles dreht sich um Proportionen.
Wenn man die Länge des Unterleibs durch die Länge des Oberkörpers teilt, sollte das Ergebnis die Zahl Phi (= 1,618) sein.

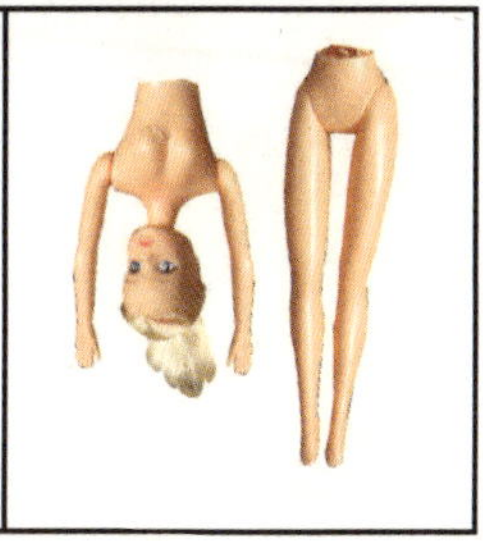

Zange

Wenn die Proportionen nicht stimmen, kann dieses Problem bestenfalls mit hohen Absätzen gelöst werden.

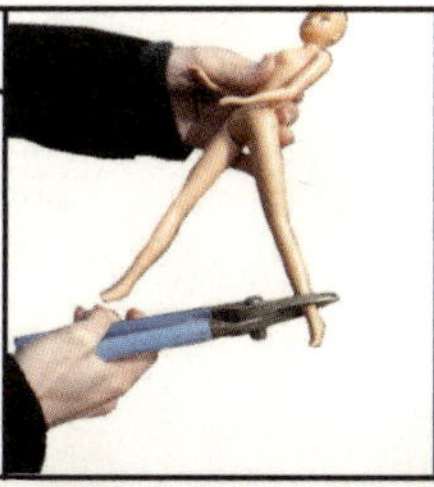

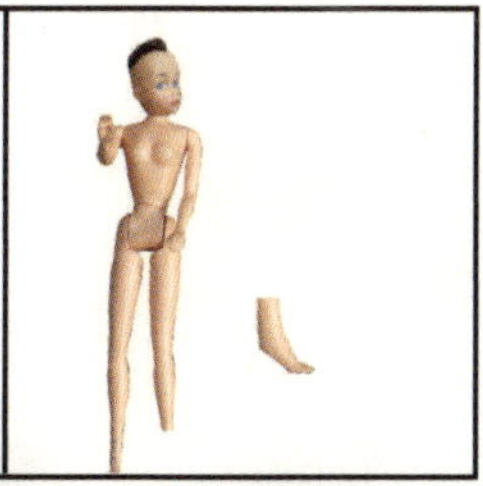

Streichhölzer

Wenn dir das Gesicht einer Puppe nicht gefällt, kannst du es auch ganz einfach schmelzen.

HORROR

Papas MÄDCHEN

Eines der schlimmsten Dinge, die dir bevorstehen, ist die erste Begegnung mit dem Freund deiner Tochter. Ein pickeliger Testosteronbolzen mit einem Scooter und Spucke in seinen Mundwinkeln, der nur an das Eine denkt – das erkennst du an seinem schiefen Grinsen und dem hinterlistigen Blick. Ein Vater hat da aber durchaus Einfluss, denn mittlerweile wissen wir ja, dass Töchter, die ein gutes Verhältnis zu ihrem Vater haben, Partner suchen, die ihren Vätern ähneln.

Töchter mit einem schlechten Verhältnis zu ihrem Vater wählen einen Partner, der ihrem Vater nicht ähnlich ist. Nimm dir also Zeit für deine Tochter, spiele mit ihr, hör ihr zu – versuche, der perfekte Vater zu sein. Eines Tages kommt sie dann mit einem hübschen, netten, vertrauenswürdigen Kerl nach Hause, der überhaupt nicht an Sex denkt und nur Augen für ihre inneren Werte hat.
Genau wie du früher, oder?

Eines Tages zieht sie dann in die weite Welt hinaus. Eine Welt voller Männer. Aber keine Angst, ein Mädchen mit einer guten Beziehung zu ihrem Vater kann besser mit Männern umgehen und hat später auch weniger Schwierigkeiten, den richtigen Partner zu finden. Beziehungstherapeutin Carolien Roodvoets erklärt, wieso.

Gute Partner, GUTE VÄTER

Carolien Roodvoets ist Familien-, Beziehungs- und Psychotherapeutin sowie Sexualwissenschaftlerin. Sie hat zwei Bücher geschrieben: »Das Teufelsdreieck« (über das Fremdgehen) und »Die Monsterverbindung« (über »falsche« Männer).

Was ist ein guter Vater?

»Ein guter Vater verbringt viel Zeit mit seinem Kind, hört zu, ist interessiert und nimmt sein Kind ernst. Die Bindung eines Mädchens zu ihrem Vater ist eine wichtige Basis für eine gesunde Haltung im Hinblick auf die Männer in ihrem Leben. In meiner Praxis habe ich erfahren, dass Frauen, die Mühe haben, den richtigen Partner zu finden, häufig Probleme mit ihrem Vater haben. Die Beziehung einer Tochter zu ihrem Vater ist außerdem die Grundlage dafür, wie sie selbst mit ihrer eigenen männlichen und weiblichen Seite umgeht. Bei einer ausgeglichenen Persönlichkeit sind die weiblichen und männlichen Eigenschaften im Einklang. Eine ausgeglichene Frau ist nicht nur stark oder nur sexy.«

Die Beziehung von Vater und Mutter ist auch wichtig für die Entwicklung der Tochter. Was hat es damit auf sich?

»Eigentlich kann man den Einfluss des Vaters nicht isoliert betrachten, er ist von der Rolle der Mutter nicht zu trennen. Wenn eine Mutter den Vater als Erzieher/Ernährer für ungeeignet hält und der Vater sich in die Rolle des Schwächlings drängen lässt, hat das Auswirkungen auf die Vater-Tochter-Beziehung. Es ist schließlich schwierig, jemanden zu respektieren, der als ›nicht vollwertig‹ gesehen wird. Umgekehrt kommt es auch vor, dass Väter sehr dominant sind und die Mütter eine dienende und untergeordnete Rolle einnehmen. Wenn die Mutter die Haltung des Vaters nicht korrigiert, wird sich dies bei der Tochter wiederfinden. Die Tochter wird es wahrscheinlich schwierig finden, einen Mann als gleichberechtigten Partner zu sehen.«

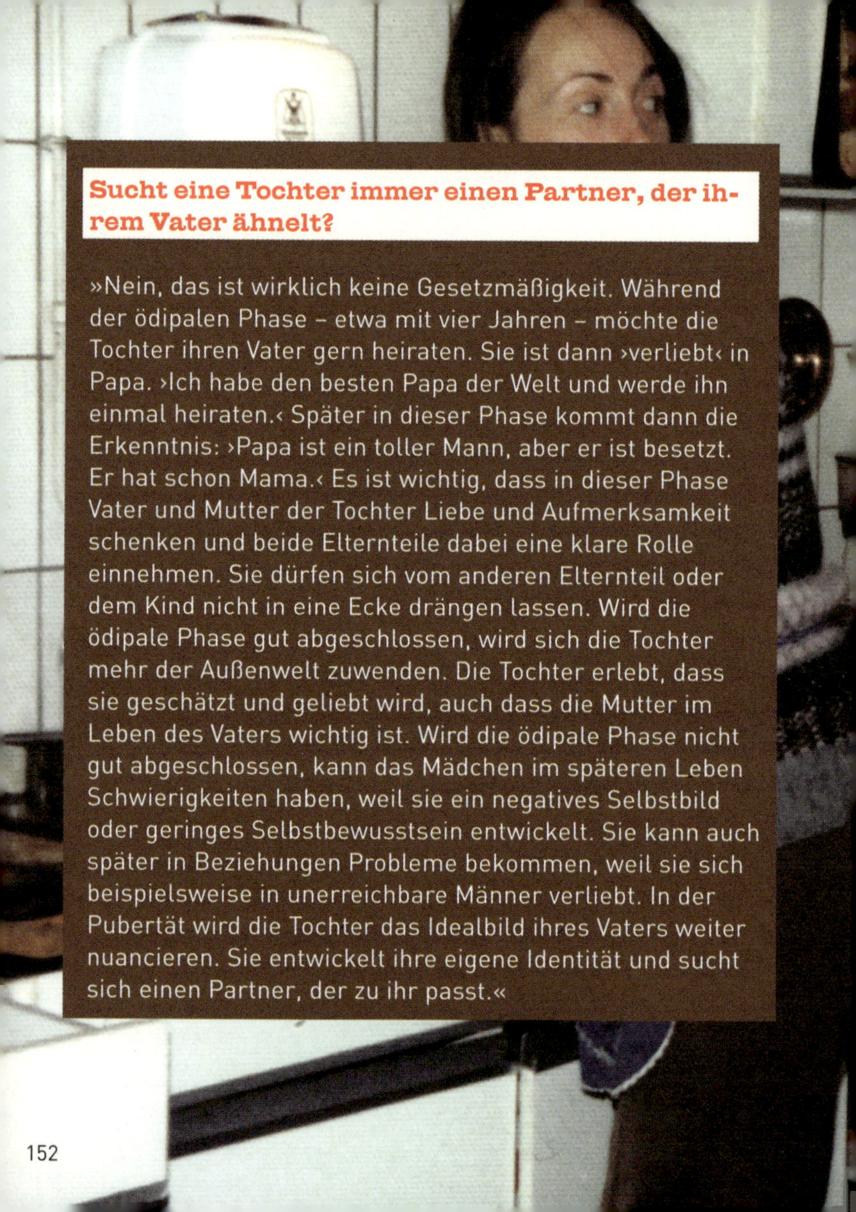

Sucht eine Tochter immer einen Partner, der ihrem Vater ähnelt?

»Nein, das ist wirklich keine Gesetzmäßigkeit. Während der ödipalen Phase – etwa mit vier Jahren – möchte die Tochter ihren Vater gern heiraten. Sie ist dann ›verliebt‹ in Papa. ›Ich habe den besten Papa der Welt und werde ihn einmal heiraten.‹ Später in dieser Phase kommt dann die Erkenntnis: ›Papa ist ein toller Mann, aber er ist besetzt. Er hat schon Mama.‹ Es ist wichtig, dass in dieser Phase Vater und Mutter der Tochter Liebe und Aufmerksamkeit schenken und beide Elternteile dabei eine klare Rolle einnehmen. Sie dürfen sich vom anderen Elternteil oder dem Kind nicht in eine Ecke drängen lassen. Wird die ödipale Phase gut abgeschlossen, wird sich die Tochter mehr der Außenwelt zuwenden. Die Tochter erlebt, dass sie geschätzt und geliebt wird, auch dass die Mutter im Leben des Vaters wichtig ist. Wird die ödipale Phase nicht gut abgeschlossen, kann das Mädchen im späteren Leben Schwierigkeiten haben, weil sie ein negatives Selbstbild oder geringes Selbstbewusstsein entwickelt. Sie kann auch später in Beziehungen Probleme bekommen, weil sie sich beispielsweise in unerreichbare Männer verliebt. In der Pubertät wird die Tochter das Idealbild ihres Vaters weiter nuancieren. Sie entwickelt ihre eigene Identität und sucht sich einen Partner, der zu ihr passt.«

FREUD'SCHE PHASEN

Einer der wichtigsten Begründer der Psychoanalyse ist Sigmund Freud. Neben seiner Theorie, dass eine Persönlichkeit aus dem Es (der Quelle unserer Triebe), dem Über-Ich (Normen und Werte) und dem Ich (der zentralen kritischen Instanz, geprägt unter anderem durch die Gesellschaft) besteht, gibt es auch eine Theorie über die Entwicklung des Kindes. Freud unterscheidet folgende Phasen:

Orale Phase
(0 bis 1,5 Jahre): Kinder beginnen, alles zu entdecken. Wenn sie etwas in den Mund nehmen, dient dies der kindlichen Lustbefriedigung.

Anale Phase
(1,5 bis 2,5 oder 3 Jahre): Die Phase ist bestimmt vom eigenen Willen, von Selbstständigkeit und Sturheit. In dieser Phase spielt der Stuhlgang eine wichtige Rolle: insbesondere das Zurückhalten und das Ausscheiden des Kots.

Nach Freud können Menschen in ihrem späteren Leben Probleme bekommen, wenn eine oder mehrere der fünf Phasen nicht gut durchlaufen werden. Obwohl es immer viel Kritik an Freuds Theorien gab (falscher Prophet, Scharlatan, Lügner, der Quacksalber aus Wien), finden Teile seiner Theorien auch in der modernen Psychoanalyse noch immer ihre Anwendung.

Phallisch-ödipale Phase
(3 bis 6 oder 7 Jahre):
In dieser Phase entsteht ein Interesse an den Genitalien. Hier spielt der so oft zitierte Ödipuskomplex eine Rolle: Ein Sohn verliebt sich in seine Mutter, eine Tochter in ihren Vater (was manchmal auch als Elektra-Komplex bezeichnet wird).

Latenzperiode
(7 bis 12 Jahre):
In dieser Phase kommt die Sexualität zur Ruhe.

Genitale Phase
(12 bis 18 Jahre):
Die Sexualität entfaltet sich.

PUBERTIERENDE Töchter und Väter

Von dem Tag an, an dem deine Tochter in die Pubertät kommt, bist du nicht mehr der Mann in ihrem Leben, sondern der altmodische Phrasendrescher. Die gute Nachricht: Du kannst dafür sorgen, dass deine Tochter etwas später in die Pubertät kommt. Wie? Indem du ein enges Verhältnis zu ihr hast.

Eine Studie von Bruce Ellis von der amerikanischen Vanderbilt-Universität aus dem Jahr 1999 hat gezeigt, dass Mädchen, die in den ersten fünf Lebensjahren ein gutes Verhältnis zu ihrem Vater hatten, später in die Pubertät kamen als ihre Altersgenossinnen. Die Forscher begleiteten 173 Mädchen aus den amerikanischen Staaten Tennessee und Indiana vom Kleinkindalter an bis zum 13. Lebensjahr. Mädchen, die spät pubertierten, hatten Väter, die die Mütter bei der Erziehung und Sorge um die Kinder aktiv unterstützten. Mädchen, die ohne Väter aufwuchsen, pubertierten relativ früh.

Risikofaktor

Im Jahr 2003 wiederholte Bruce Ellis seine Untersuchung. Diesmal begleitete er 900 Mädchen bei ihrer Entwicklung vom Kleinkind zur Jugendlichen. Die Abwesenheit einer Vaterfigur erwies sich erneut als großer Risikofaktor für das frühe Interesse an Sexualität und eine frühe Schwangerschaft. Auch eine Studie der Universität von Austin, Texas, mit 10.000 Schülern zwischen 13 und 18 Jahren ergab, dass Mädchen mit einem aktiven Vater sich mehr Zeit ließen für ihre ersten sexuellen Abenteuer.

Fremde Pheromone

Die Erklärung dafür ist, dass Mädchen mit einem weniger präsenten Vater schon aufgrund seiner Abwesenheit andere Männer deutlicher wahrnehmen. Ihr unbewusstes Aufnehmen »fremder« männlicher Pheromone (Dufthormone) hat zur Folge, dass sie schneller erwachsen werden. In der Tierwelt hat man diese Erscheinung bereits seit Langem nachgewiesen. Wenn man bei Nagetieren den Vater vom Nest fernhält, werden die Töchter eher geschlechtsreif.

DINGE, DIE DIR ALS VATER NICHT GEFALLEN …

Vielleicht schließt sie sich der Befreiungsarmee im Kongo an, will in der Tiefsee tauchen, macht ein Praktikum beim Finanzamt, handelt mit atomarem Müll, schnüffelt Leim, lernt Seiltanzen, wird Straßenclown, patroulliert in Afghanistan … Egal was, deine Tochter wird Dinge tun, die dir als Vater nicht gefallen.

ABER VIELLEICHT ALS TOCHTER

Vielleicht machst du dir Sorgen über den Tag, an dem deine Tochter behaarte Jungen mit nach Hause bringt. Jungen, die du verdächtigst, Verwerfliches mit deiner Tochter vorzuhaben. Aber keine Sorge, es gibt gute Methoden, die Wahrheit herauszufinden.

VERHÖRTECHNIK

DIE NEUN-PHASEN-TECHNIK

Erste Phase

Konfrontiere den Betreffenden mit dem, was du über ihn denkst. Warte dann kurz und beobachte sein Gesicht und sein Verhalten. Wiederhole danach deinen Verdacht. Wenn der Betreffende deine Vermutungen nicht bestreitet, ist er ziemlich sicher schuldig.

»Das stinkt zum Himmel!«

»Leugnen hat keinen Sinn.«

»Das ist absolut nicht klar!«

»Die Fakten sprechen dagegen.«

»Ich bin dir auf die Schliche gekommen, Junge!«

»Ich habe dich durchschaut.«

Zweite Phase

Bleib im Gespräch freundlich und ruhig. Weise darauf hin, dass andere in dieser Situation wahrscheinlich das Gleiche getan hätten. Wir sind doch alle nur Menschen, nicht wahr? Zähle eine Reihe von Dingen auf, die noch schlimmer wären. Räume ein, dass das Opfer möglicherweise auch seine Schuld am Geschehen trägt. Versichere ihm, dass die Strafe wahrscheinlich halb so schlimm sein wird. Dein Ziel muss sein, ihm das Geständnis zu erleichtern. Gesteht er nicht, ist das der Moment, ihn mit Lügen zu konfrontieren, die er erzählt hat. Um schließlich mit der Aussage zu schließen, dass Leugnen keinen Sinn hat, da alle Fakten gegen ihn sprechen.

Dritte Phase

Wenn er immer noch leugnet, dann achte darauf, wie er alles abstreitet. Unschuldige weisen Anklagen oft ganz knapp von sich, während Schuldige im Detail erklären, warum sie etwas nicht getan haben.

Vierte Phase

Widerlege die Argumente des Betroffenen.

Fünfte Phase

Folgt dann noch immer kein Geständnis, musst du es erneut freundlich versuchen. Sag ihm, dass du es nicht böse, sondern nur gut meinst. Zeige Interesse und Respekt. Leg ihm eine Hand auf die Schulter.

Streichle ihm über den Kopf. Nenne ihn beim Vornamen. Halte Blickkontakt.

Sechste Phase

Appelliere an sein Gewissen. Sprich seine Gefühle an.

Siebte Phase

Formuliere ein Motiv, das entschuldigend klingt. Frag ihn, ob er es vielleicht nicht erwartet hat. Oder ob er unter Druck gesetzt wurde. Eine positive Antwort darauf kann als Teilgeständnis gewertet werden.

Achte Phase
Versuche, das Teilgeständnis zu einem vollwertigen Geständnis auszubauen.

Neunte Phase
Schreib das Geständnis auf und lass es den Betroffenen unterzeichnen.

SELBSTVERTEIDIGUNG

Noch so ein Albtraum. Du liegst nachts im Bett und wartest darauf, dass deine süße Tochter von ihrem Abendausflug nach Hause kommt. Vielleicht schläfst du besser, wenn du ihr zuvor ein Paar Kampftricks beibringst.

Um Missverständnissen vorzubeugen: Du bist jetzt deine Tochter und der Angreifer ist diese fiese Frau mit dem Haarknoten.

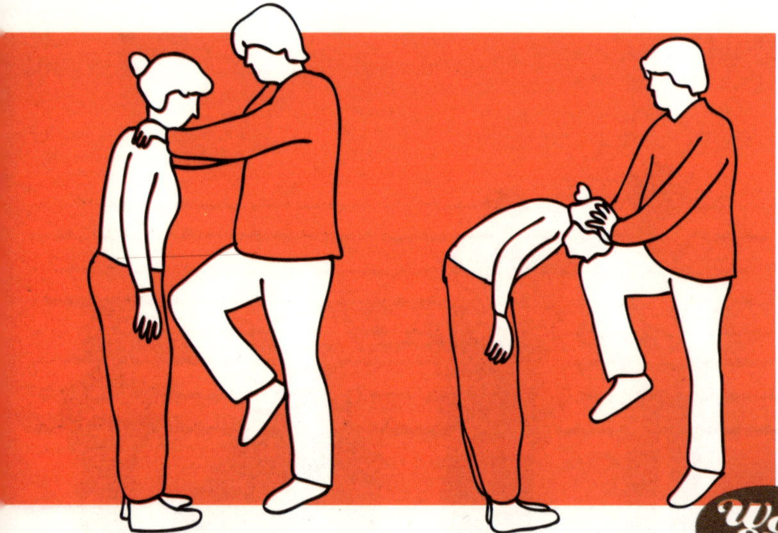

Versetze dem Angreifer einen Stoß mit dem Knie. Der Schmerz lässt ihn nach vorn kippen. Pack seinen Kopf fest mit beiden Händen und zieh ihn schnell gegen dein Knie.

Nimm die rechte Hand des Angreifers und drehe seine Hand mit beiden Händen fest nach links. Wenn du die Muskeln so richtig überdehnst, tut das ziemlich weh. Führe die Bewegung schnell und kraftvoll aus, dann kippt der Angreifer automatisch nach rechts. Vielleicht kannst du ihn dann noch ein wenig mit dem Fuß wegstoßen.

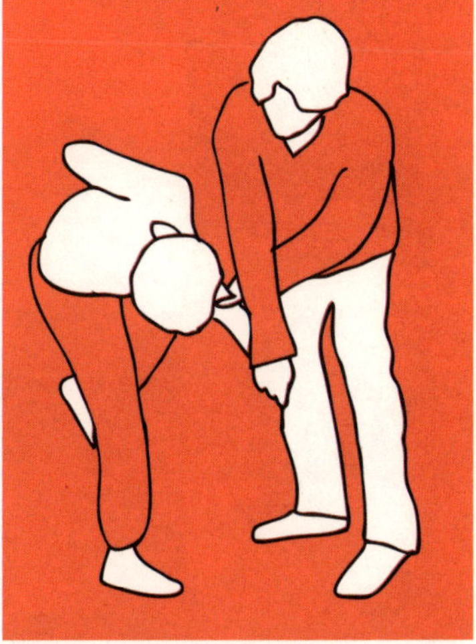

plonja

WIE MAN EIN ENTSPANNTER VATER BLEIBT ...

Schon ohne Tochter ist es nicht besonders schwierig, sich Katastrophenszenarien auszudenken. Doch mit einer Tochter gelingt das spielend. Je mehr du dich gegen deine Albträume wehrst, desto schlimmer wird es. So läuft das eben. Mit gesundem Menschenverstand ist in diesem Fall wenig zu erreichen.

Mit diesen Dos & Don'ts wahrscheinlich schon.

WIE DU EIN ENTSPANNTER VATER BLEIBST …

DOs

- Konzentrierte Meditation
- Therapie
- Yoga
- Schmerzmittel
- Beruhigungsmittel
- Antidepressiva
- Harald Schmidt gucken
- Psychopharmaka
- Bier/Gras
- Baden
- Comics lesen

DON'ts

- Über die Zukunft deiner Tochter nachdenken
- Sich wegen eines Piercings Sorgen machen
- Über Schwiegersöhne nachdenken
- Der Realität ins Auge sehen
- Die Fakten sortieren
- Dir selbst ein Tattoo mit polynesischen Kriegssymbolen stechen lassen
- Ihre Facebook-Seite checken
- »Aktenzeichen XY ... ungelöst« gucken

kleine
MÄDCHEN
werden groß

In vielen Kulturen wird die erste Menstruation als etwas Besonderes angesehen. Und das ist sie natürlich auch: der Übergang vom Kind zur Frau. Das kann mit einem leckeren Essen oder einem guten Glas Wein gefeiert werden. Doch meist ist Zurückhaltung geboten, denn moderne Töchter halten nicht so viel von Übergangsritualen. Ganz bestimmt dann nicht, wenn sie gerade menstruieren. Vielleicht ist es daher besser, den denkwürdigen Tag ohne die Tochter zu feiern – zum Beispiel allein mit einem Bier vor dem Fernseher.

Möchtest du noch eine Tochter? Es gibt Methoden, darauf einzuwirken, dass das nächste Baby wieder ein Mädchen wird.

mehr, mehr, mehr MÄDCHEN!

Wie war das noch gleich?
Eizellen haben immer ein X-Chromosom, Samenzellen ein X- oder ein Y-Chromosom. Verschmelzen Samen- und Eizelle miteinander, hat die befruchtete Eizelle ein Paar Geschlechtschromosomen:
XX für ein Mädchen, XY für einen Jungen.
Beziehungsweise meistens (siehe Seite 80/81).

Samenzellen trennen

Im Labor können männliche (Y) und weibliche (X) Samenzellen voneinander getrennt werden. Allerdings sind die sogenannten Genderkliniken, in denen diese Techniken eingesetzt werden, in vielen europäischen Ländern verboten.

Die Shettles-Methode

Die Methode basiert auf den Überlegungen des Forschers Landrum Shettles: Seiner Ansicht nach schwimmen Zellen mit einem X-Chromosom langsamer als solche mit einem Y-Chromosom. Männliche Samenzellen leben allerdings länger. Diese Behauptung stellte Shettles 1970 auf. Ihr Wahrheitsgehalt konnte allerdings bis heute in keiner Untersuchung bewiesen werden.

Nach der Shettles-Methode muss man, um ein Mädchen zu kriegen:

- keinen Geschlechtsverkehr kurz vor oder während des Eisprungs haben. Nur die starken weiblichen Zellen überleben die »Wartezeit« bis zum Eisprung. Und voilà: Danach wird ein Mädchen geboren.

- Sex in der Missionarsstellung bevorzugen. Die Samenzellen gelangen dann näher an den sauren Ausgang der Vagina, wo die weiblichen Zellen besser überleben können als die männlichen.

- den weiblichen Orgasmus vermeiden. Ein Orgasmus macht die vaginale Umgebung weniger sauer, dadurch überleben die schnelleren männlichen Samenzellen und haben eher eine Chance, die Eizelle zu befruchten.

Eden Books
Ein Verlag der Edel Germany GmbH

www.edenbooks.de | www.facebook.com/edenbooksberlin | www.edel.com
1. Auflage 2013

Titel der Originalausgabe: Dochters!
Konzept: Snor Verlag
Text: Gerard Janssen
Endredaktion: Ellen Driessen
Deutsche Übersetzung: Andrea Kirchhoff
Lektorat der deutschen Übersetzung: Caroline Kazianka

IMPRESSUM

Projektkoordination der deutschen Ausgabe: Nina Schumacher
Gestaltung und Illustration: Maartje Kuiper, www.maartjekuiper.nl
Druck: MKT Print d.d. Ljubljana

Printed in Slovenia

ISBN: 978-3-944296-33-3